J'apprends à COUDRE DES HAUTS

Clémentine Lubin
Photographies : Fabrice Besse
Stylisme : Sonia Roy

Éditions **marie claire**

Sommaire

Modèle n°7

Leçon n°7

Modèle n°8

Leçon n°8

Modèle n°9

Leçon n°9

Modèle n°10

Leçon n°10

Modèle n°11

Leçon n°11

Modèle n°12

Leçon n°12

Modèle n°13

Leçon n°13

Modèle n°14

Leçon n°14

Modèle n°15

Leçon n°15

Édito

L'idée de ce livre m'est venue des tissus. Je suis entrée dans la boutique de France Duval-Stalla et j'ai eu envie de tout ! Devant les cotonnades et les Liberty, je voulais des petites tuniques. Devant les jerseys, je voulais des tee-shirts, et puis des robes, et des jupes, et... Dans la boutique de France, tout est beau. Oui, je l'appelle France. France est une fille sympathique, simple et travailleuse. Elle a monté sa boutique pour nous, avec que des jolis tissus. Non, c'est faux, des jolis tissus et des jolis galons. Ah non, il y a aussi les laines... si douces... et les transferts, si drôles.
Dans la boutique de France, tout est luxe, calme et... beauté. Les clientes sont accueillies simplement. J'ai passé du temps dans sa boutique : elle connaît toutes ses clientes ! Beaucoup d'entre elles commandent sur Internet (très pratique), mais elles viennent aussi pour voir, toucher, regarder. Je les comprends.

Quand j'entre dans la boutique de France j'ai 8 ans, et je suis émerveillée.
Quand j'entre dans la boutique de France, j'ai des projets, j'ai envie de faire de la couture, de tricoter, de coudre des boutons.
Quand j'entre dans la boutique de France, j'ai plein d'idées...

Allez-y, vraiment cette boutique mérite le détour.

www.franceduvalstalla.com

Introduction

Choisissez un tissu que vous aimez et en accord avec votre projet. Demandez conseil, c'est plus sûr.
Achetez le métrage nécessaire (donné à chaque début de projet).
Ce livre s'adresse principalement à celles qui ont déjà des notions de couture.
En effet, un petit haut – ou une jolie jupe – ne sera joli que s'il est un minimum ajusté au corps.
La plupart des modèles ont donc des pinces.
Tous les modèles requièrent la possession d'une machine à coudre.

DEUX OU TROIS CONSIGNES À RESPECTER

Ayez des aiguilles de rechange à portée de main, pour que vous puissiez changer l'aiguille rapidement et continuer votre couture si l'aiguille de votre machine casse.
Le fil de la canette et de la bobine principale doivent impérativement provenir de la même bobine. Sinon, il vous sera impossible de régler la tension du fil et donc de faire une couture nette.
Installez la table et le fer à repasser à proximité. Prenez l'habitude de repasser vos coutures au fur et à mesure. Vous y gagnerez beaucoup en propreté de travail.
Crantez toujours les angles et les arrondis.

Beaucoup de mes amies négligent (pour gagner du temps) ces consignes. Ensuite, elles viennent me voir en disant « je n'arrive pas à retourner mon ouvrage proprement, regarde, c'est plein de plis... », « je n'arrive pas à coudre normalement, regarde mes coutures... ». Je les aime beaucoup ces amies, mais si vous ne crantez pas les angles et les arrondis, si vous mettez un fil différent dans la canette (ou si vous gardez le fil de la couture précédente), vous n'arriverez jamais à rien de bien en couture !

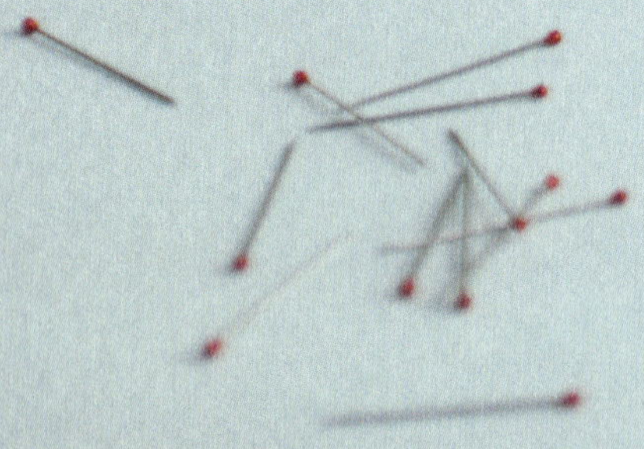

REPRODUIRE LES PATRONS

Il est d'usage de reproduire les patrons sur du papier pour garder un original propre et réutilisable pour d'autres tailles ou d'autres modèles.
Les patrons sont en taille réelle. Il vous suffit de décalquer chaque pièce dans la bonne taille. Utilisez un papier à patron vendu en mercerie. Il a l'avantage d'être en grande longueur et largeur et d'être légèrement transparent. Vous pouvez aussi utiliser du papier de soie blanc. Ce sera plus facile de décalquer. Maintenez le patron sur une grande table avec du ruban adhésif. Posez par-dessus le papier patron. Maintenez le papier avec du ruban adhésif. Les feuilles ont tendance à glisser.

Décalquez. Puis coupez au ras chaque pièce. Notez sur chaque pièce : le nom du vêtement, le nom de la pièce et la taille. Reportez toutes les indications données sur le patron : le nombre de pièces à couper, les repères, les pinces et les plis. Vous en aurez besoin par la suite.

QUE VEUT DIRE 1 X AU PLI ?

Les pièces notées « au pli ou en double au pli » se coupent en double. Pour gagner de la place sur les patrons, la moitié seulement de la pièce est reproduite. Pour dessiner la pièce en entier, pliez le tissu en deux. Posez le pli du tissu sur la ligne notée « au pli ». C'est le milieu de la pièce. Épinglez le patron sur le tissu. Coupez la pièce. Ouvrez le tissu. Vous devez alors avoir la pièce en entier en parfaite symétrie.

QUE VEUT DIRE X 2?

Certains modèles demandent deux pièces identiques. Elles ne sont pas dessinées deux fois sur le patron. Il est simplement écrit « x 2 ». Pour les couper facilement, pliez le tissu, épinglez le patron et coupez. La pièce sera coupée deux fois en parfaite symétrie.

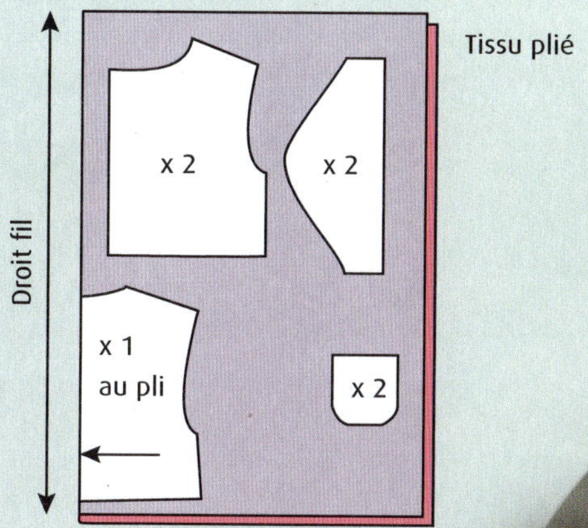

LA COUPE DU TISSU

Coupez au ras des patrons, car les patrons sont coutures comprises 0,5 cm (la largeur d'un pied-de-biche).

DROIT FIL ET BIAIS

Les tissus sont tissés dans la plupart des cas. Ils ont donc un sens. Le droit fil suit la lisière du tissu. Les pièces coupées droites en suivant le droit fil ne se déformeront pas. Les pièces qui doivent être coupées en biais se déformeront, ce qui est utile dans le cas des ceintures ou des biais d'encolure, par exemple

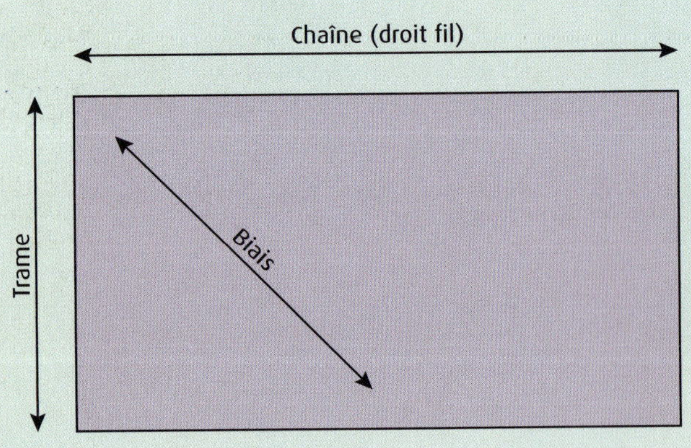

RACCORD

Aucun des modèles présentés ne nécessite de raccord, ce qui est beaucoup plus simple lors de la coupe et ce qui économise du tissu.

LA COUTURE

La plupart des modèles ne demandent qu'une machine réalisant des points simples : avant, arrière pour terminer une couture et zigzag pour surfiler. Certains modèles sont rebrodés avec des points fantaisie. Ces broderies ne sont pas obligatoires et vous pouvez les réaliser à la main.

TABLEAU DES TAILLES

Mesurez-vous et regardez à quelle taille vous correspondez (en cm).

	TAILLES			
	36	**38**	**40**	**42**
Carrure devant	33	34	35	36
Carrure dos	36	37	38	39
Tour de poitrine	84	88	92	96
Tour de taille	64	68	72	76
Tour bas de hanche	89	93	97	101

LA COUTURE DE TISSUS LÉGÈREMENT ÉLASTIQUES

Certains modèles sont cousus avec des tissus élastiques, comme les jerseys. Les coutures doivent être, elles aussi, légèrement extensibles pour résister aux mêmes tensions que les tissus élastiques. Les propriétaires de surjeteuses sont peu nombreux. En effet, cette machine plus perfectionnée permet de coudre des matières élastiques.

Si vous laissez des marges de coutures trop larges, celles-ci vont avoir tendance à rouler, la couture sera plus fastidieuse. Les marges de coutures de l'ouvrage proposé dans ce livre sont de 0,5 cm. Vous n'aurez donc pas de soucis.

Installez sur la machine une aiguille spéciale jersey ou une aiguille fine de façon à ne pas casser les mailles du tissu. Utilisez de préférence un fil synthétique pour qu'il ne se casse pas.

Réglez votre machine sur un point extensible (si vous en avez un) ou faites un petit zigzag court. Faites un deuxième point de zigzag plus grand cette fois sur les bords pour surfiler.

Le matériel

La couture demande un peu de matériel et de fournitures. Investissez au fur et à mesure dans des outils de qualité :

- **Une bonne paire de ciseaux de coupe.** Gardez-la jalousement. Personne ne doit y toucher.
- **Une paire de ciseaux à papier** pour couper les patrons.
- **Une boîte d'épingles fines.** Certaines vont préférer les aiguilles à têtes colorées, visibles et pratiques en cas de chutes, les autres, les aiguilles à petites têtes, souvent plus fines.
- **Un aimant** pour les ranger rapidement.
- **Des aiguilles à coudre fines,** pas trop courtes, pour les coutures à la main.
- **Du fil.** Des bobines de toutes les couleurs, assorties à vos tissus. En cas de doute, tirez un fil de la bobine, et choisissez un ton un peu plus foncé que le tissu.
- **Une machine à coudre.** Vous aurez besoin de coudre des points de base – avant, arrière et zigzag –, mais j'ai ajouté des points fantaisie en décoration de certains modèles. Ceux-là sont, à mon avis, trop souvent négligés. Si votre machine coud du jersey, c'est encore mieux, cela va vous être utile.
- **Des canettes d'avance :** une par bobine de fil. Je les range avec les bobines.
- **Un feutre à textile soluble à l'eau.** Le feutre soluble a remplacé la craie dans ma boîte à couture. Une erreur et hop un peu d'eau. Je dessine les pinces, les repères, les broderies, quel gain de temps !
- **Des épingles à nourrice :** très pratiques pour retourner les galons sur l'endroit, glisser les cordelettes dans les coulisses.
- **Un découd'vite.** Ce petit outil est souvent utile... il évite de faire des trous dans les modèles en tentant de les découdre trop rapidement.
- **Un mètre ruban et un réglet.**
- **De grandes feuilles de papier** pour recopier les patrons.
- **Une trousse d'écolier.**
- Et puis **des galons fantaisie, des boutons, des boutons à recouvrir** (mes chouchous), **des Zip** appelés aussi fermetures à glissière... la couture, c'est joli quand on peut ajouter des petites fantaisies...

MERCHANT & MILLS
0.59MM X 29MM
SPANISH
DIPPED HEAD
LACE PINS
MERCHANT & MILLS
A TIDY AMOUNT
FINE BLACK SAFETY PINS
Carolyn N.K. Denham
DRESSES COURSES PATTERNS NOTIONS

PATRON 1 PIÈCE
PLANCHE A
COUTURES COMPRISES 0,5 CM

Chemise manches chauve-souris

FOURNITURES

- 110 x 140 cm de tissu de coton léger blanc imprimé fleurs grises
- 80 cm de biais souple (ou 4 x 80 cm de tissu souple coupé dans le biais du tissu)
- Machine à coudre
- Boîte à couture
- Fer à repasser

JE RÉALISE

Reproduire le patron sur papier à taille voulue.

Couper la chemise dans le tissu en suivant les indications de droit fil. (1)
Il est inutile de surfiler la pièce.

1

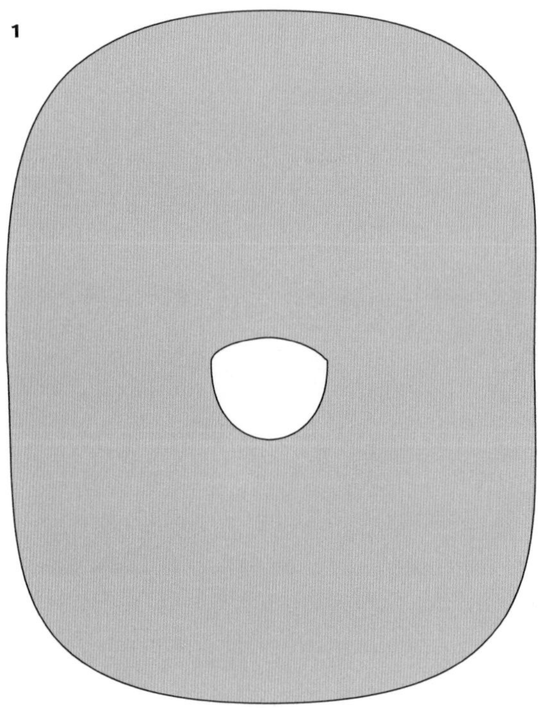

PRÉPARER LE BIAIS

Leçon p.15

‣ Couper une bande de 4 x 80 cm dans le biais du tissu. Opter de préférence pour un tissu fin et souple, il supportera mieux d'être travaillé. Rabattre sur chaque grand côté 0,5 cm. Repasser pour marquer les plis.

POSER LE BIAIS DE COL

‣ Poser une bande de biais sur toute l'encolure. Poser le biais ouvert, endroit contre endroit. **(2)**

2

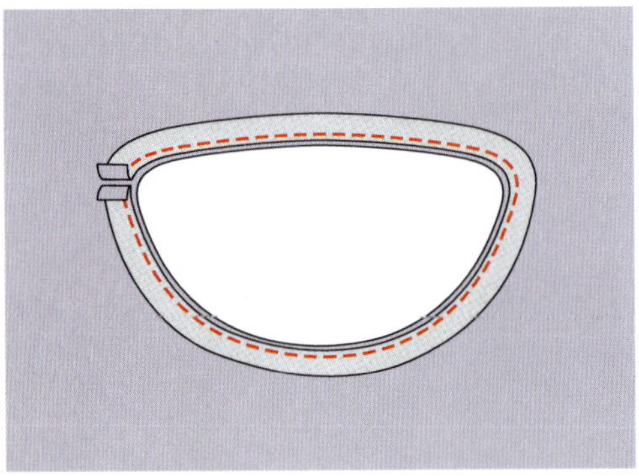

‣ Piquer le biais sur toute la longueur. Rabattre le biais par-dessus l'encolure. Coudre le rabat à petits points invisibles.

MONTAGE DE LA CHEMISE

‣ Plier la chemise en deux le long de la ligne des épaules.

‣ Marquer les manches : dessiner au feutre à textile deux lignes de part et d'autre de la chemise en suivant les indications du patron. **(3)**

‣ Piquer sur les lignes dessinées. Arrêter la couture à 4 cm du bas.

3

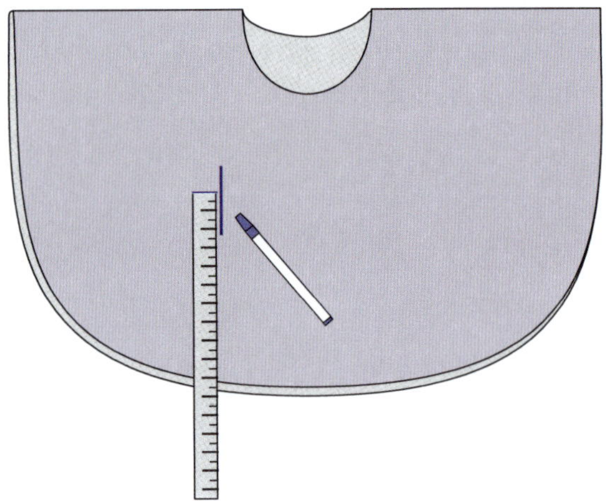

OURLER LA CHEMISE

‣ Ourler tout le tour : rabattre 0,3 cm vers l'envers du tissu.

‣ Repasser. Rabattre ensuite 0,5 cm. Repasser. Piquer l'ourlet. Si vous avec une machine équipée d'un pied-de-biche spécial ourlet fin, utilisez-le, c'est le moment !

Coudre un biais

Savoir poser un biais vous permettra de finir proprement une encolure ou des manches par exemple. Vous pouvez acheter un biais tout préparé en mercerie, ou le faire vous-même. Dans ce cas, achetez un tissu souple et fin, il se travaillera mieux.

1▸ Couper dans le biais du tissu (à 45° par rapport à la lisière) une bande de tissu de 4 cm de large. Le fait de le couper en biais lui donnera beaucoup plus de souplesse.
Repasser en rabattant vers l'intérieur 1 cm sur chacun des grands côtés.

2▸ Ouvrir la bande de biais.
Poser la bande de biais à l'endroit sur l'endroit du bord du tissu. La bande de biais et le tissu sont endroit contre endroit. Bâtir, puis piquer le biais à la machine.

3▸ Rabattre le biais de l'autre côté du tissu. Plier le rentré vers l'intérieur. Piquer à la machine sur le biais.

4▸ Pour plus de finesse, vos pouvez terminer la couture du biais à la main. Rabattre le biais de l'autre côté du tissu. Plier le rentré vers l'intérieur. Coudre le biais au tissu à petits points glissés.

Modèle n°2

PATRON 5 PIÈCES
PLANCHE B
COUTURES COMPRISES 0,5 CM

Chemise fleurie à pied de col

FOURNITURES

- 125 x 150 cm de Liberty
- 20 x 150 cm de tissu rose
- 6 boutons à recouvrir de 1 cm de diamètre
- 3 boutons à recouvrir de 1,5 cm de diamètre
- Chutes de tissu
- 7 pressions de 1 cm de diamètre
- Boîte à couture
- Machine à coudre
- Fer à repasser

JE RÉALISE

Recopier le patron sur papier à taille voulue. Marquer sur le patron toutes les indications données.

Couper en respectant les indications de droit fil : (1)
- dans le tissu Liberty :
2 fois le devant
1 fois le dos
2 fois la manche
2 fois le col
- dans le tissu rose :
2 fois le pied de col
1 bande de 4 x 45 cm
2 rectangles de 35 x 20 cm

Surfiler les pièces.

1

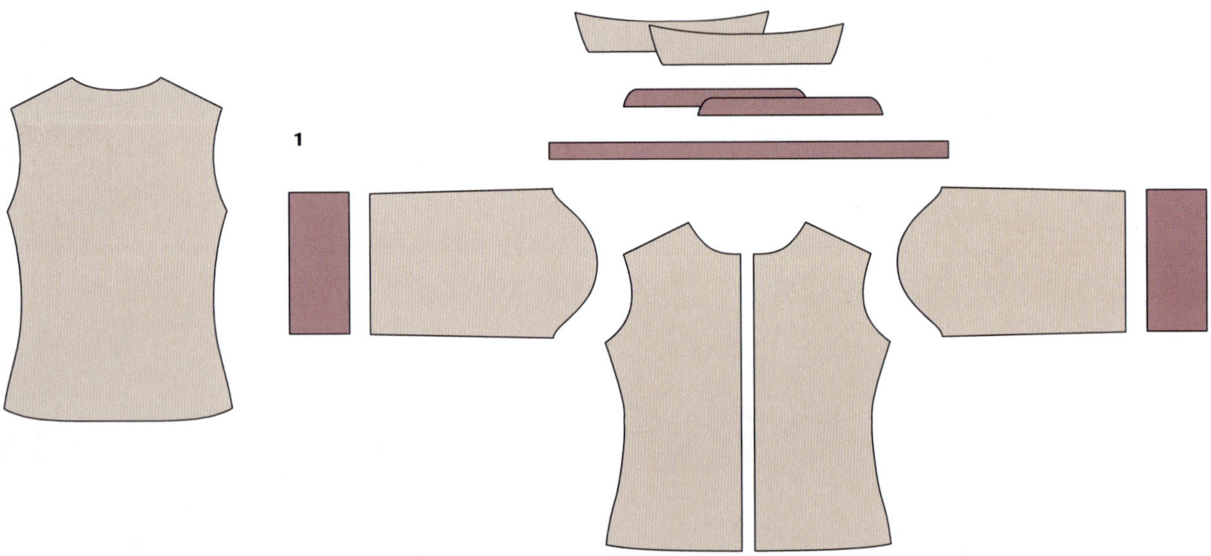

MONTAGE DE LA CHEMISE

‣ Poser les deux pièces de devant sur le dos, endroit contre endroit. Piquer les épaules et les côtés à 0,5 cm des bords. **(2)**
‣ Repasser.

2

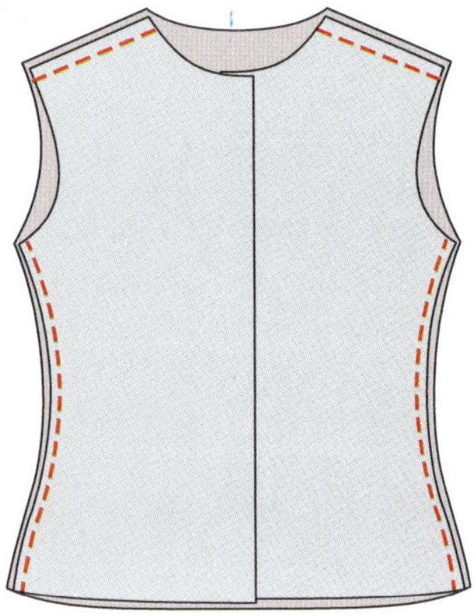

PRÉPARER LES MANCHES

Leçon p. 55

‣ Plier la manche en deux, endroit contre endroit. Fermer en piquant le côté à 0,5 cm.
‣ Passer deux fils de fronces dans le haut de la manche sur 15 cm environ. Tirer légèrement sur les fils de fronces. Retourner la manche sur l'endroit.
‣ Poser la chemise à l'envers vers vous. Glisser la manche à l'endroit dans l'emmanchure. Faire correspondre la couture de la manche avec la couture de côté de la chemise. **(3)**

3

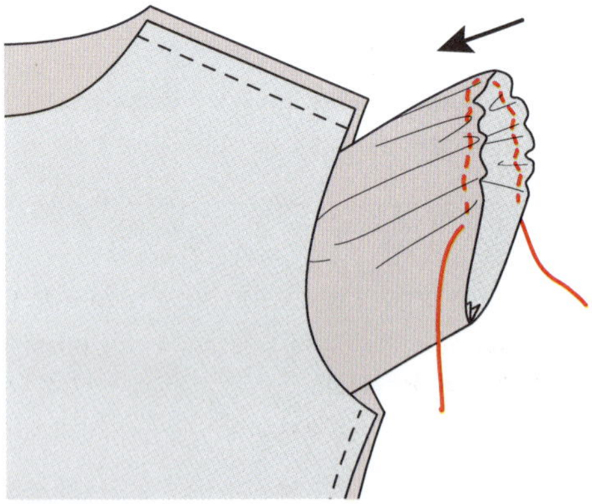

‣ Poser des épingles dans toute la partie non froncée. Adapter la largeur de la manche à l'emmanchure en tirant sur les fils de fronces. Répartir les fronces dans l'emmanchure. Poser des épingles pour maintenir en place.
‣ Piquer la manche dans l'emmanchure.
‣ Recommencer avec la deuxième manche.

PRÉPARER LE COL

Leçon p. 20

‣ Assembler les deux pièces de col endroit contre endroit. Piquer à 0,5 cm du bord sur le grand côté et les deux tout petits côtés. Laisser la base du col ouverte. Cranter les angles. Retourner le col sur l'endroit et ouvrir les coutures au fer.
‣ Poser les deux pieds de col de chaque côté de la base du col, forme arrondie contre la base du col. Piquer à 0,5 cm tout l'arrondi de pied de col. Cranter l'arrondi. Retourner le pied de col sur l'endroit. Repasser.
‣ Plier le col en deux pour déterminer le milieu. Poser une épingle de repère. Plier le dos en deux et poser également une épingle de repère de milieu.
Poser le col, endroit contre endroit, sur le dos en faisant correspondre les repères de milieu. **(4)**

4

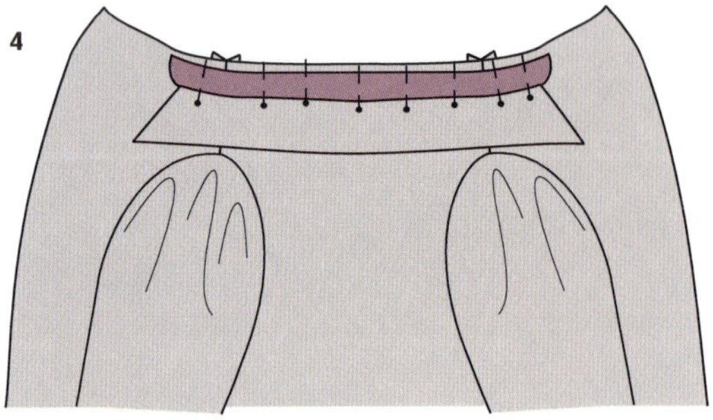

‣ Poser par-dessus la petite bande de tissu rose.
‣ Piquer dos, pied de col et bande en une seule couture. Repasser.
‣ Rabattre la petite bande de tissu rose sur la couture. Faire un rabat de 0,5 cm. Marquer le pli au fer. Coudre la bande à la main : elle cachera joliment la couture du col.

ASSEMBLAGE DE LA CHEMISE

Rabattre les deux rentrés ENDROIT CONTRE ENDROIT sur les devants de la chemise. Faire une petite couture horizontale. Retourner le rabat vers l'envers : le rabat doit cacher les extrémités de la couture de col. **(5)**

5

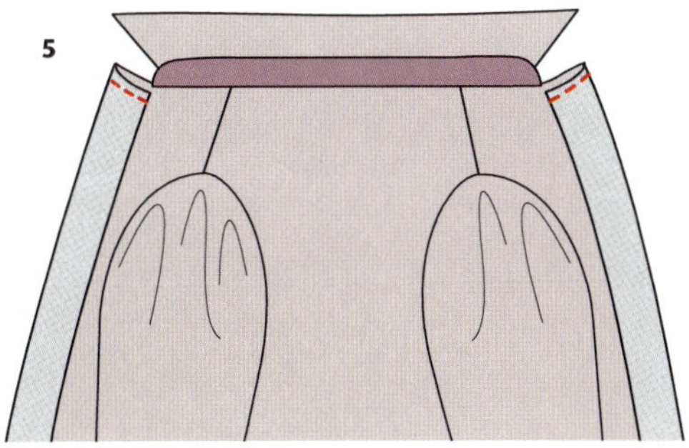

OURLER LE BAS DE LA CHEMISE

Rabattre 0,5 cm vers l'intérieur. Repasser. Rabattre ensuite 2,5 cm. Repasser. Piquer l'ourlet.

FINITIONS

‣ La chemise se ferme grâce à des pressions. Coudre 7 pressions à espaces réguliers sur chaque côté du devant.
‣ Recouvrir les boutons avec des chutes de tissu.
‣ Poser les boutons sur le devant gauche en les assemblant irrégulièrement.

Le bouton en kit

Couper dans le tissu une pièce ronde de la taille du bouton à recouvrir + 4 mm. Les fabricants offrent des gabarits de coupe dans leurs kits.

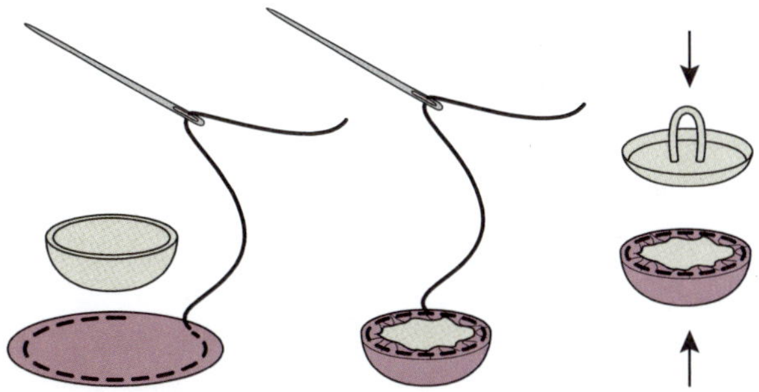

‣ Passer un fil de fronce tout autour du cercle en tissu. Poser la partie à recouvrir sur l'envers de la pièce ronde.

‣ En tirant doucement sur le fil, le tissu va recouvrir le bouton. Nouer le fil.

‣ Clipser la pièce du fond sur le bouton recouvert. La couture se trouve cachée.

PRÉPARER LES POIGNETS

‣ Coudre les rectangles de 35 x 20 cm en bas des manches, endroit contre endroit. Rabattre à l'intérieur comme s'il s'agissait d'un biais. Coudre le rabat à petits points glissés.
‣ Dessiner au feutre à textile soluble à l'eau des motifs de tiges et de feuilles. Broder au fil à coudre, pour faire plus fin, des tiges au point de tige. Broder des feuilles au point lancé. Pour les motifs, inspirez-vous de ceux de la chemise.

Coudre un col avec pied de col

Historiquement, ajouter un pied à un col lui donnait de la hauteur et permettait de porter une veste. Si c'est une bonne leçon de couture, le pied de col permet aussi des fantaisies.

1▸ Préparer le col simple en superposant les deux épaisseurs de col. Poser une première épaisseur, endroit vers vous. Poser par-dessus la deuxième épaisseur de col, envers vers vous, en faisant correspondre les côtés. Cela s'appelle «poser endroit contre endroit», car les deux endroits de tissu se touchent. Piquer à 0,5 cm du bord.

1

2▸ Cranter les angles. C'est-à-dire enlever les surplus de tissu dans les angles en coupant à 45° par rapport à la couture. Ne pas couper la couture, bien évidemment. C'est une étape importante pour pouvoir retourner ensuite le col.

2

3▸ Après avoir retourné le col sur l'endroit et l'avoir bien repassé, poser le pied de col de chaque côté du col. Faire correspondre les longueurs. Les deux pieds de col sont endroit contre endroit. Épingler ou bâtir pour bien maintenir en place le pied de col. Piquer le pied de col à la machine.

3

4▸ Retourner le pied de col sur l'endroit. Repasser pour lui donner une forme nette et faire ressortir les coutures. Si l'on ne repasse pas, cela créera des petits décalages et imperfections. Au final, il sera difficile de monter le vêtement.

4

5▸ Déterminer le milieu du pied de col. Marquer le milieu d'une épingle. Déterminer le milieu de l'encolure. Marquer d'une deuxième épingle. Poser le pied de col sur l'encolure de la chemise. Poser sur l'endroit de la chemise en faisant correspondre les repères de milieux. Épingler régulièrement.

5

6▸ Couper une bande de tissu dans le biais de 4 cm de large x la longueur du pied de col (Vous pouvez acheter le biais en mercerie). Poser la bande sur l'encolure, sur le pied de col. Bâtir l'encolure, le pied de col et la bande de biais pour maintenir les épaisseurs en place. Piquer ensuite à la machine et retirer le fil de bâti.

6

7▸ Rabattre la bande de biais sous le pied de col, sur l'envers de la chemise. Faire un petit rentré sur toute la longueur de la bande pour faire propre. Coudre le rabat à la main, il va cacher la couture du pied de col.

7

8▸ Rabattre les côtés de la chemise sur l'extrémité du pied de col et du biais. Le col sera ainsi très net. Repasser.

8

Modèle n°3

PATRON 2 PIÈCES
PLANCHE B
COUTURES COMPRISES 0,5 CM

Chemise simple sans col

FOURNITURES

- 75 x 140 cm de tissu 1 (blanc libellules argent)
- 30 x 140 cm de tissu 2 pour les enformes (blanc à pois argent)
- 100 cm de ruban de sequins argent mat
- Machine à coudre
- Boîte à couture
- Fer à repasser

JE RÉALISE

- Reproduire le patron sur papier à taille voulue.

Couper en respectant les indications de droit fil: (1)
- dans le tissu 1:
1 fois le dos
1 fois le devant
- dans le tissu 2:
les enformes de dos et de devant

- Surfiler les pièces.

1

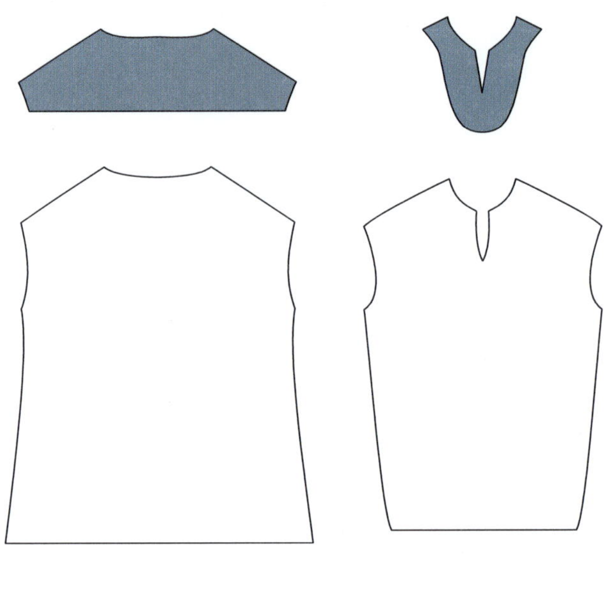

PRÉPARER LE DEVANT

‣ Assembler l'enforme de devant avec le devant, endroit contre endroit. Piquer le long du col à 0,5 cm. Cranter les angles et les arrondis. (C'est important pour ensuite pouvoir bien retourner sur l'endroit) **(2)**

‣ Retourner l'enforme sur l'envers. Repasser.

2

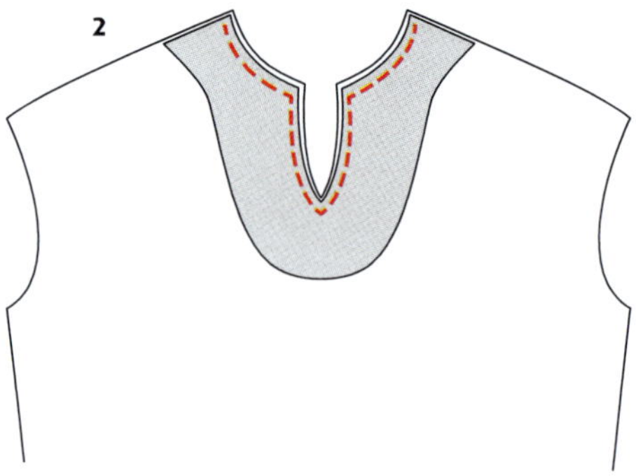

PRÉPARER LE DOS

Leçon p.25

‣ Rabattre 0,5 cm vers l'envers sur tout le bas de l'enforme dos. Repasser pour maintenir le pli.
Poser l'enforme sur le haut du dos et se reporter à la leçon. **(3)**

3

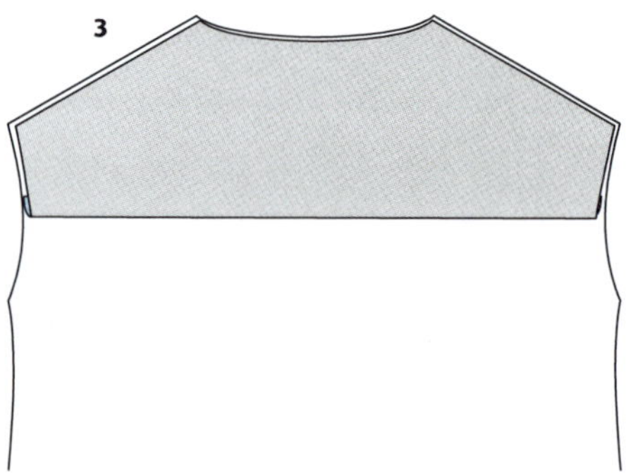

ASSEMBLAGE DE LA CHEMISE

Assembler le dos et le devant endroit contre endroit. Piquer les épaules à 0,5 cm du bord, en prenant bien toutes les épaisseurs de tissu. Piquer les côtés à 0,5 cm. **(4)**

4

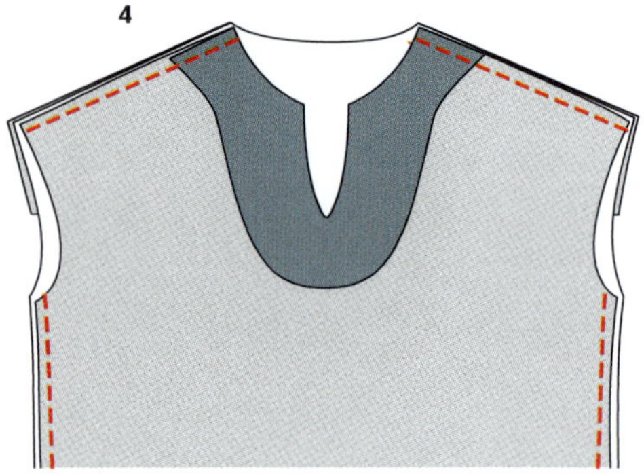

OURLER LES MANCHES

Rabattre en bas de chaque manche 0,5 cm vers l'intérieur, puis de nouveau 0,5 cm. Piquer.

OURLER LE BAS

‣ Rabattre 1 cm vers l'intérieur. Repasser. Rabattre ensuite 2 cm.

‣ Repasser pour maintenir le pli. Piquer.

POSER LE RUBAN DE SEQUINS

Coudre à la main le ruban de sequins à 3,5 cm le long de l'encolure. Piquer l'aiguille dans les trous des sequins.

Poser un enforme de dos

Poser un enforme de dos permet de donner de la tenue à une chemise, surtout si le tissu est fin.

1▸ Après avoir coupé l'enforme selon les indications du patron, faire un rabat sur le bas. Le rabat fait 1 cm environ (les mesures sont données sur le patron ou dans les explications). Repasser le rabat pour maintenir le pli.

1

2▸ Poser la pièce de dos à plat, envers vers vous. Poser l'enforme dessus, endroit vers vous. Faire correspondre les longueurs. Rabattre l'enforme vers le bas pour pouvoir épingler l'intérieur.

2

3▸ Piquer le bas de l'enforme sur le dos. Faire la piqûre sur le pli.

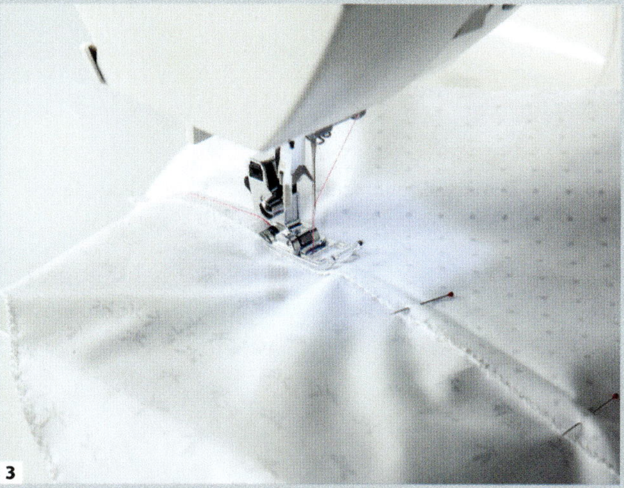

3

4▸ Rabattre l'enforme sur le haut du dos. Épingler puis bâtir au niveau des épaules.
Assembler la chemise normalement.

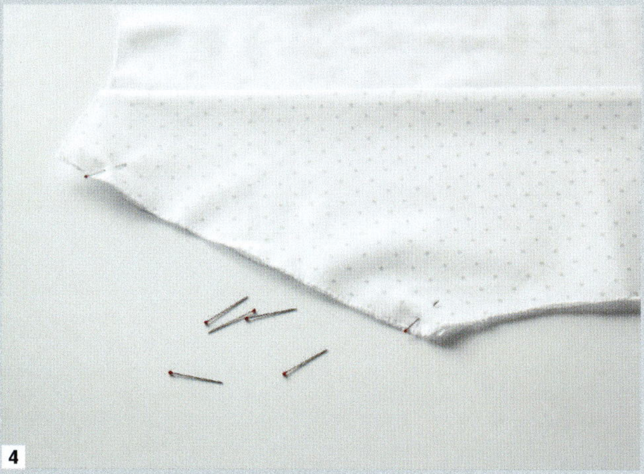

4

Modèle n°4

PATRON 5 PIÈCES
PLANCHE A
COUTURES COMPRISES 0,5 CM

Bustier bicolore

FOURNITURES

- 35 x 140 cm de Liberty réf Betsy porcelaine
- 35 x 140 cm de tissu 1 (étoiles argent sur moutarde)
- 35 x 140 cm de tissu 2 (étoiles argent sur moutarde claire)
- 2 boutons-pression de 1,3 cm de diamètre
- 1 fermeture à Zip rose de 20 cm
- Boîte à couture
- Machine à coudre
- Fer à repasser

JE RÉALISE

- Recopier le patron sur papier à taille voulue. Marquer sur le patron toutes les indications données.

Couper en respectant les indications de droit fil : (1)

- Le haut est doublé, il faut le couper deux fois.

- dans le tissu 1 :
2 fois le haut devant
2 fois le haut dos
- dans le tissu 2 :
1 fois le bas dos
1 fois le bas devant
- dans le Liberty :
2 fois la bretelle en double
1 bande de 5 x 50 cm pour la ceinture

- Surfiler les pièces.

1

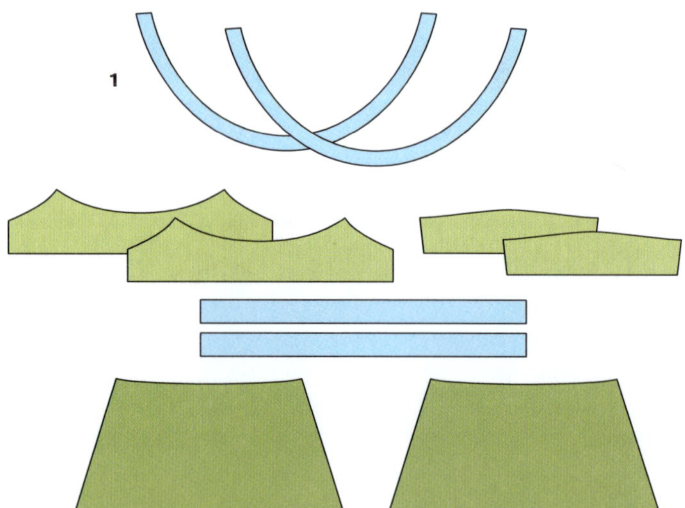

you make me happy

PRÉPARER LE HAUT DEVANT Leçon p.31

› Assembler les deux devants, endroit contre endroit. Piquer l'arrondi des aisselles. **(2)** Repasser et retourner sur l'endroit.

2
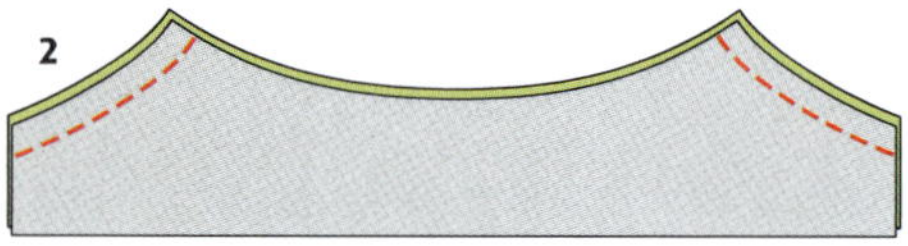

› Passer deux fils de fronces en haut et en bas du devant. Tirer sur les fils de fronces en haut, ramener à une longueur de 26 (28) cm environ selon les tailles. Piquer entre les fils de fronces pour maintenir la longueur.

› Tirer sur les fils de fronces du bas pour ramener à la largeur du haut bas. **(3)**

3
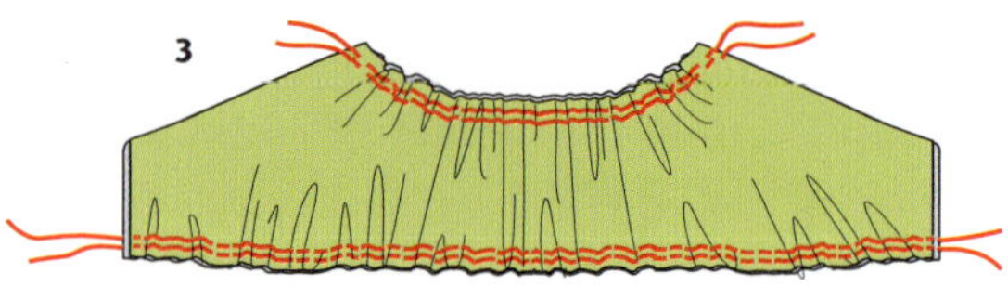

PRÉPARER LA BRETELLE

› Poser les deux morceaux de bretelle endroit contre endroit. Assembler par le côté creux. Piquer.

› Faire un rentré de 0,5 cm vers l'intérieur sur le deuxième grand côté de la bretelle. Repasser pour marquer les plis.

› Marquer avec une épingle le milieu de la bretelle. Marquer le milieu du devant. Poser la grande bretelle en faisant correspondre les repères de milieu. **(4)**

4
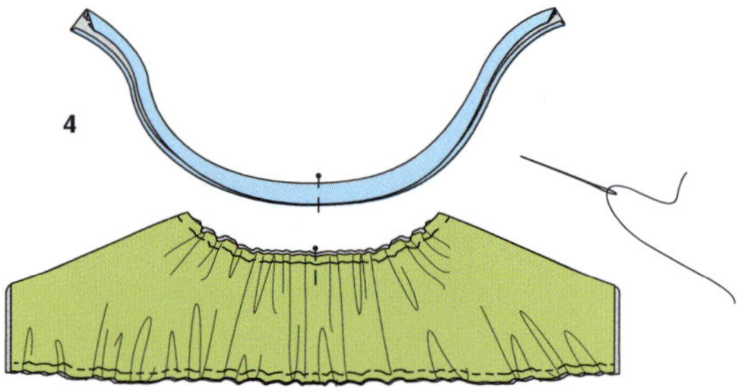

› Coudre à la main la grande bretelle sur le devant comme s'il s'agissait d'un biais. Ce sera plus facile et plus fin à la main.

ASSEMBLER LE BUSTIER

Assembler le haut et le bas du devant, endroit contre endroit, par le milieu. **(5)**

5
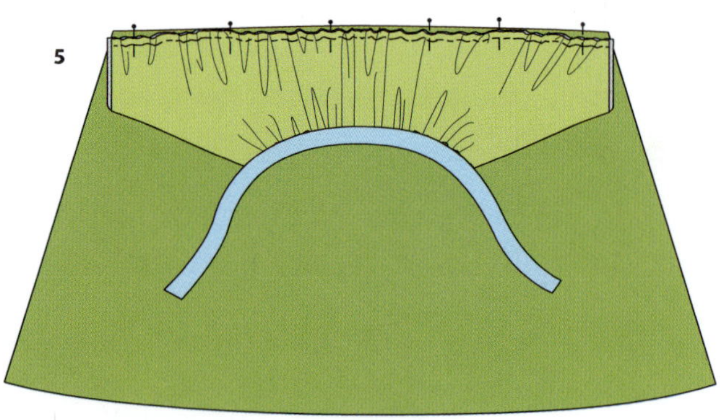

PRÉPARER LE HAUT DOS

‣ Assembler et piquer les deux hauts dos par le haut. Repasser. Retourner sur l'endroit.
‣ Passer deux fils de fronces sur 4 cm environ au milieu du haut du dos bas. Froncer. Piquer pour maintenir la longueur.
‣ Assembler, endroit contre endroit, les hauts dos et le haut bas. Piquer.

MONTAGE DU BUSTIER

‣ Assembler le dos et le devant, endroit contre endroit.
Piquer un côté à 0,5 cm des bords.
Piquer le bas de l'autre côté. Laisser 20 cm d'ouverture pour poser le Zip.
‣ Faire un rabat de 0,5 cm vers l'intérieur sur les deux côtés laissés ouverts. Épingler régulièrement le Zip fermé. **(6)** Bâtir le Zip.
Poser le Zip avec un pied-de-biche spécial Zip.

6

PRÉPARATION DE LA CEINTURE

- Assembler les deux bandes de Liberty de 4 x 50 cm par un côté de 4 cm pour créer une grande bande.
- Rabattre 1 cm sur chaque grand côté de la bande de ceinture.
- Repasser pour marquer les plis.
- Poser la bande de ceinture sur la jonction haut/bas. Coudre à la main, c'est plus délicat.

OURLER LE BAS DU BUSTIER

Rabattre 1 cm vers l'intérieur. Marquer le pli au fer. Rabattre de nouveau 2 cm vers l'intérieur. Coudre à la main ou à la machine.

FINITIONS

Coudre deux boutons-pression sur l'intérieur du haut dos. Essayer pour vérifier la longueur de la bretelle. Poser l'autre partie de la pression à chaque extrémité de la bretelle.

Faire des fronces

Faire des fronces permettra de donner de l'ampleur à certains vêtements.
C'est aussi la base du montage des manches.

1▸ Passer deux fils de fronces sur le haut du tissu, espacés de quelques millimètres. Le point de fronce est un grand point avant. Vous pouvez le coudre à la main ou à la machine en réglant la largeur du point de la machine sur un point très long. Il faut toujours passer deux fils parallèles pour mieux répartir les fronces. Il n'est pas nécessaire de faire des nœuds aux extrémités des fils, car on les retire après.

1

2▸ Tirer les fils de fronces, des deux côtés du tissu, délicatement, pour ramener le tissu à la longueur voulue.

2

3▸ Piquer à la machine à petits points entre les deux fils de fronces.

3

4▸ Retirer les fils de fronces en les tirant délicatement.

4

Modèle n°5

PATRON 5 PIÈCES
PLANCHE A
COUTURES COMPRISES 0,5 CM

Chemise chic croisée devant

FOURNITURES

- 160 x 150 cm de Liberty réf Mitsy bleu
- 1 fermeture à Zip bleu foncé, 15 cm
- 50 cm de « queue de rat » (galon rond) rouge
- Boîte à couture
- Machine à coudre
- Fer à repasser

JE RÉALISE

Recopier le patron sur papier à taille voulue. Marquer sur le patron toutes les indications données, surtout sur ce modèle !

Couper en respectant les indications de droit fil : (1)
- dans le tissu Liberty :
2 fois le dos
2 fois le côté dos
2 fois la manche
2 fois le col
- dans le biais :
2 fois la pièce de devant
1 bande de 4 x 60 cm pour le biais de devant

1

- Poser des épingles de repère pour les lettres A, B et C, ainsi que pour les plis. Surfiler les pièces.

MONTAGE DU CORPS

Préparer le dos

› Assembler les deux pièces de dos, endroit contre endroit. Repasser.

› Assembler les deux côtés de dos de chaque côté du dos milieu. **(2)** Repasser.

2

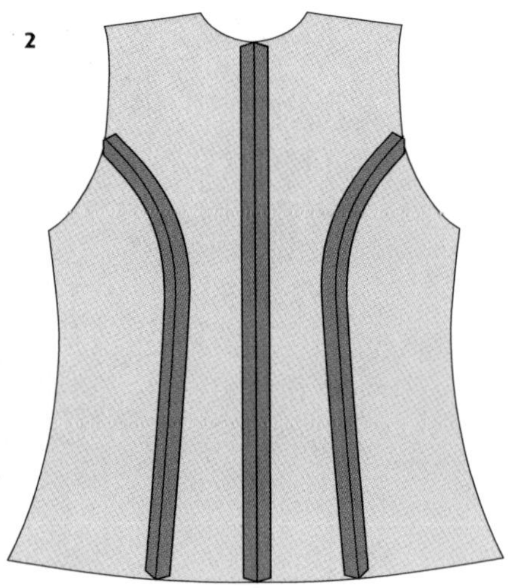

Préparer le devant Leçon p.37

(le montage du devant est expliqué dans la leçon p. 37)

› Couper la bande coupée dans le biais en deux longueurs égales. Rabattre 0,5 cm de chaque grand côté sur toute la longueur. Repasser pour marquer les plis.

› Poser ce biais sur les deux pièces de devant entre les repères marqués « arrêt du col » et « C ». Couper l'excédent de biais pour ajuster sa taille aux repères.

› Préparer 4 petits plis de 0,5 cm sur les côtés des pièces de devant. Les repères de plis sont donnés sur le patron. **(3)**

› Coudre les plis.

3

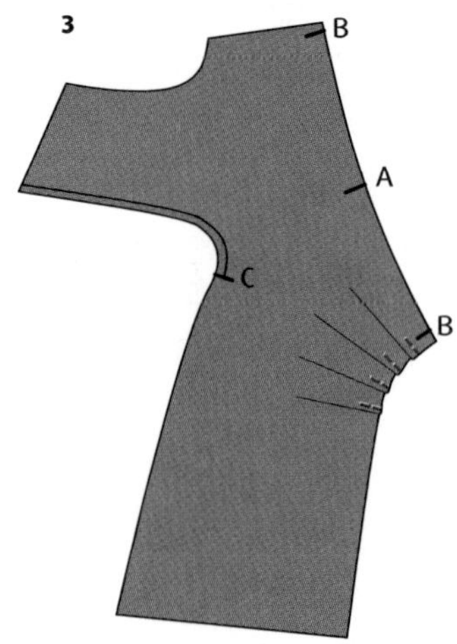

‣ Plier une première pièce de devant en pliant en A et en rabattant B sur B. Piquer sur toute la longueur à 0,5 cm du bord. Laisser néanmoins 1,5 cm non cousu en A.
‣ Glisser le deuxième devant dans l'espace de 1,5 cm laissé non cousu. Plier en A et rabattre B sur B. Piquer le deuxième devant entre A et B pour fermer.
Vous venez de réaliser le croisé de devant !
‣ Fermer le bas de devant, en posant les deux bas de devant, endroit contre endroit. Piquer à 0,5 cm du bord. Repasser en ouvrant la couture. **(4)**

4

ASSEMBLAGE DE LA CHEMISE

Assembler le dos sur le devant, endroit contre endroit. Piquer les épaules à 0,5 cm des bords. Piquer le côté gauche.
Sur le côté droit, piquer sur 2 cm sous l'emmanchure. Laisser 15 cm non piqué pour le Zip. Reprendre la couture sous le Zip.

Préparer les manches Leçon p.55

‣ Plier la manche en deux, endroit contre endroit. Fermer en piquant le côté à 0,5 cm.
‣ Passer deux fils de fronces dans le haut de la manche sur 15 cm environ. Tirer légèrement sur les fils de fronces. Retourner la manche sur l'endroit.
‣ Glisser la manche, à l'endroit, dans l'emmanchure qui est à l'envers.
‣ Poser des épingles sur toute la partie non froncée. Adapter la largeur de la manche à l'emmanchure en tirant sur les fils de fronces. Répartir les fronces dans l'emmanchure. Poser des épingles pour maintenir en place.
Piquer la manche dans l'emmanchure.
Recommencer avec la deuxième manche.

Modèle n°5
suite

Préparer le col

‣ Poser les deux pièces de col endroit contre endroit. Piquer tout l'arrondi. Cranter l'arrondi. Retourner sur l'endroit. Repasser. Faire un rentré de 0,5 cm vers l'intérieur sur tout le bas du col. Repasser pour maintenir les plis. Plier le col en deux pour déterminer le milieu. Poser une épingle de repère de milieu. Plier le dos en deux. Poser une épingle de repère.

‣ Poser le col sur le dos, endroit contre endroit, en faisant correspondre les repères de milieu. Piquer une épaisseur de col sur le dos. Rabattre le col sur l'intérieur de la chemise. Coudre le col à petits points. **(5)**

5

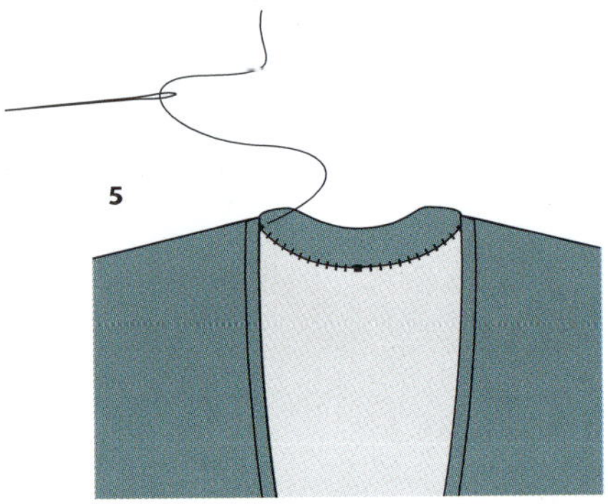

FINITIONS

Ourler les manches

Rabattre 0,3 cm vers l'intérieur. Repasser. Rabattre ensuite 0,5 cm. Repasser. Piquer l'ourlet. Si vous avec une machine équipée d'un pied-de-biche spécial ourlet fin, utilisez-le, c'est le moment !

Ourler le bas de la chemise

‣ Rabattre 1 cm vers l'intérieur. Marquer le pli au fer. Rabattre de nouveau 2 cm vers l'intérieur. Coudre à la main ou à la machine.

‣ Coudre le galon queue-de-rat à la main, juste sous le col. Cela va le mettre en valeur.

Coudre un modèle croisé

Cette technique est assez impressionnante et pourtant, il suffit de suivre les explications. Le modèle aura beaucoup d'effet sur vous. Vous pourrez le décliner facilement.

1▸ Marquer les repères donnés sur le patron. Poser des épingles ou, si le tissu est clair, faire un trait au feutre à textile soluble à l'eau. Coudre les petits plis de côté. Les petits plis vont donner de l'aisance au vêtement. Coudre les petits plis sur les deux pièces de devant.

1

2▸ Plier la pièce de tissu en A en rabattant B sur B. Épingler puis coudre. Laisser 1,5 cm d'ouverture en A au niveau de la pliure.

2

3▸ Glisser la deuxième pièce de milieu dans l'ouverture laissée à la pliure.

3

4▸ Ajuster les deux pièces de devant pour ensuite pouvoir fermer le deuxième devant (en le pliant, B sur B) et coudre le milieu.

4

Modèle n°6

PATRON 2 PIÈCES
PLANCHE A
COUTURES COMPRISES 0,5 CM

Chemise nouée dans le dos

FOURNITURES

- 100 x 150 cm de tissu de coton blanc à losanges gris
- 10 x 140 cm de tissu encre mini-taches
- 3 boutons à recouvrir d'1 cm de diamètre
- Boîte à couture
- Machine à coudre
- Fer à repasser

JE RÉALISE

- Recopier le patron à taille voulue.

Couper en respectant les indications de droit fil : (1)
- dans le tissu blanc :
1 fois le devant
1 fois l'enforme du devant
2 fois le dos
2 fois l'enforme de dos
- dans le tissu bleu :
2 bandes de 8 x 120 cm

- Surfiler les pièces.

1

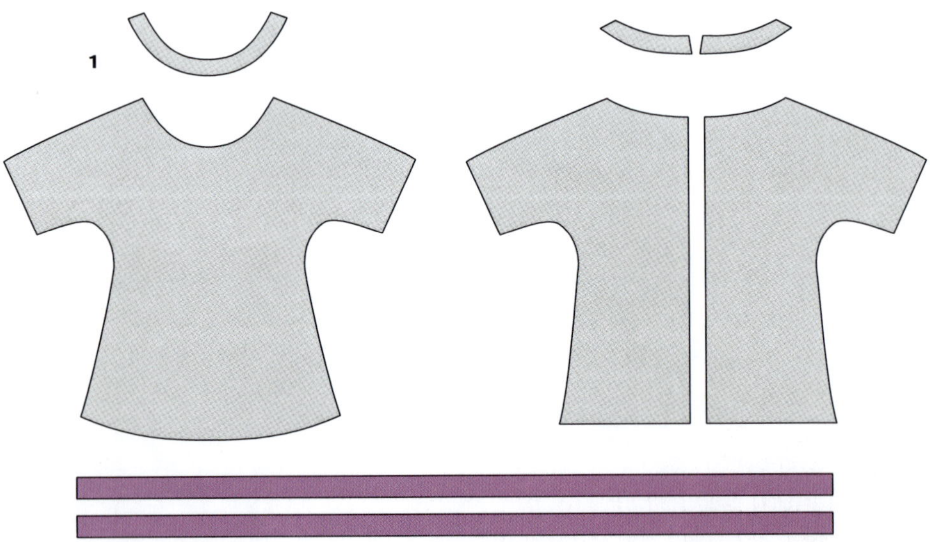

RECOUVRIR LES BOUTONS

‣ Couper dans le tissu encre un cercle de 1,3 cm de diamètre.

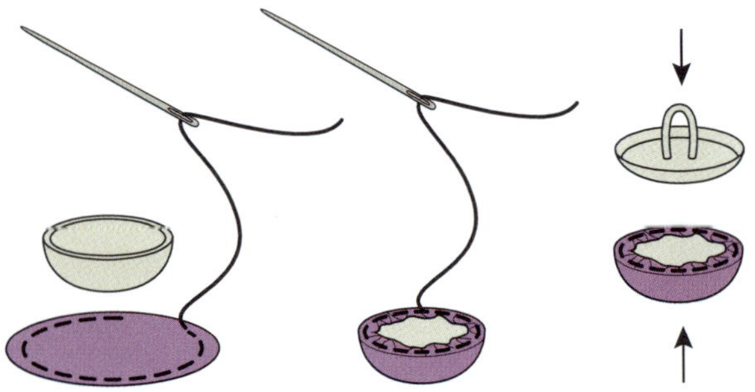

‣ Passer un fil de fronce tout autour du cercle en tissu. Poser la partie à recouvrir sur l'envers de la pièce ronde.

‣ En tirant doucement sur le fil, le tissu va recouvrir le bouton. Nouer le fil.

‣ Clipser la pièce du fond sur le bouton recouvert. La couture se trouve cachée.

‣ Préparer ainsi 3 boutons.

PRÉPARER LA CHEMISE

Poser le devant sur les deux pièces de dos, endroit contre endroit. Piquer les épaules et les côtés à 0,5 cm des bords. **(2)** Repasser.

2

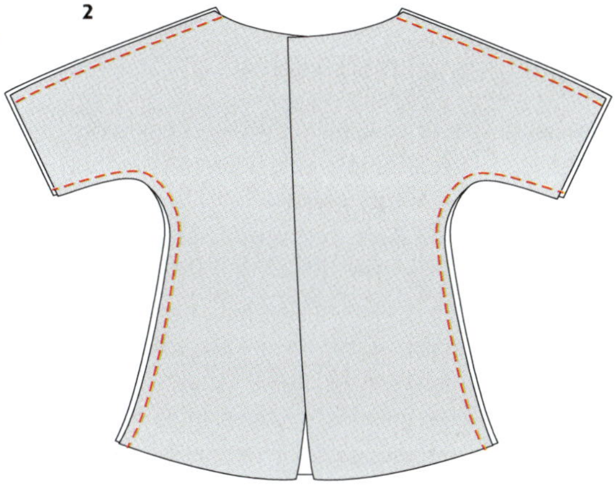

ASSEMBLAGE DE L'ENFORME Leçon p.43

- Poser les enformes de dos sur l'enforme de devant, endroit contre endroit. Assembler par les petits côtés. Piquer. Repasser.
- Poser l'enforme sur l'encolure, endroit contre endroit. Piquer l'enforme. **(3)**

3

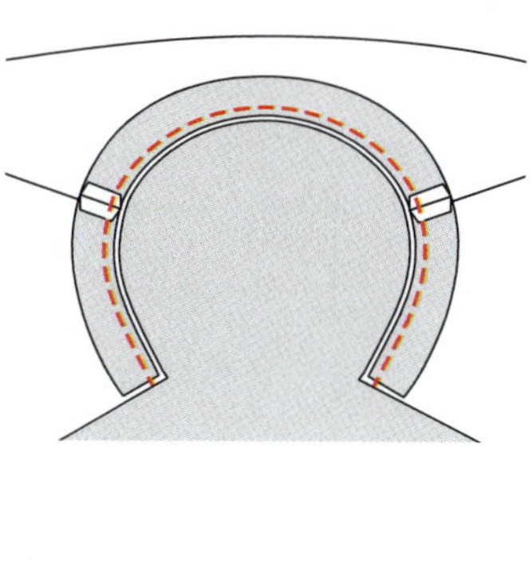

- Cranter l'arrondi. Retourner l'enforme sur l'intérieur de la chemise. Faire un petit point glissé discret au niveau des coutures d'épaules pour maintenir l'enforme en place.
- Rabattre 0,5 cm vers l'intérieur dans le dos de la chemise, puis 2 cm sur chaque côté. Piquer. **(4)**

4

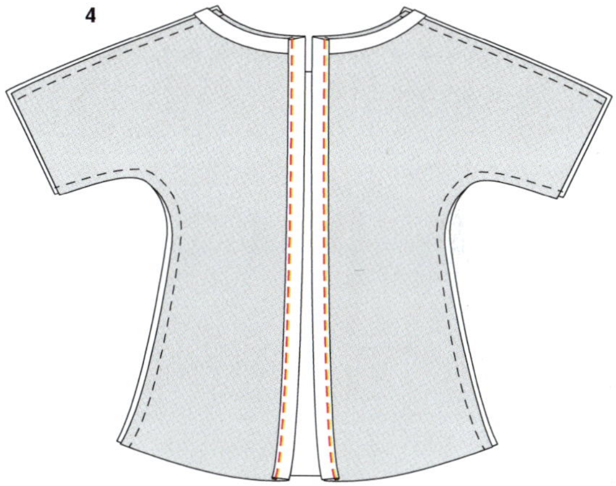

FINITIONS

Ourler les manches

Rabattre 0,5 cm vers l'intérieur. Repasser. Rabattre ensuite 1 cm. Repasser. Piquer l'ourlet.

Ourler le bas de la chemise

Rabattre 1 cm vers l'intérieur. Marquer le pli au fer. Rabattre de nouveau 2 cm vers l'intérieur. Coudre à la main ou à la machine.

PRÉPARER LE NŒUD DE DOS

- Poser les deux bandes de tissu encre, endroit contre endroit. Coudre les deux grands côtés à 0,5 cm du bord. Retourner la bande sur l'endroit. Repasser.
- Couper la bande en deux longueurs égales.

Rabattre vers l'intérieur 0,5 cm de chaque côté. Coudre les extrémités à petits points invisibles.
- Poser une extrémité de ruban à l'intérieur de la chemise au niveau du col, sur les rabats. **(5)**

5

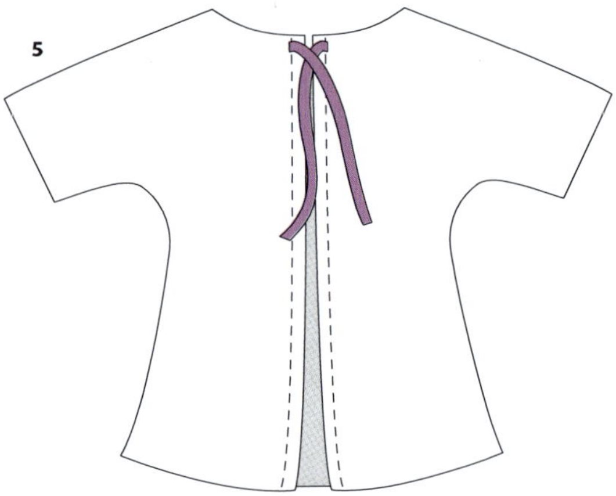

- À environ 20 cm du haut, coudre les boutons sur un côté du dos. Broder les boutonnières sur l'autre côté.
- Nouer pour faire un joli nœud.

BRODER UNE BOUTONNIÈRE À LA MAIN

- Déterminer la largeur de la boutonnière : couper une bandelette de papier. En entourer le bouton. Marquer la jonction, puis couper la bandelette.
- Plier la bandelette en deux. Cela vous donnera la longueur de la boutonnière.
- À l'emplacement de la boutonnière, bâtir tout autour pour maintenir les différentes épaisseurs en place. Marquer la longueur de la boutonnière au crayon. Couper.
- Broder avec du fil les grandes longueurs et un arrondi.
- Tourner le vêtement pour garder le même geste.
- Faire des grands points à l'extrémité pour arrêter la boutonnière.

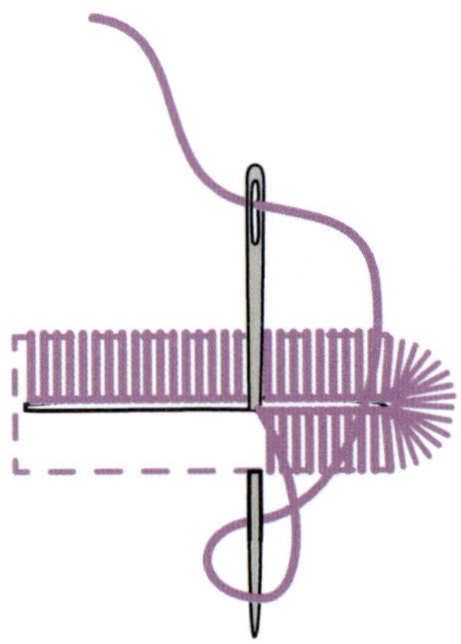

Coudre un enforme de col

Coudre un enforme de col est assez rapide et permet de faire une très jolie encolure sans avoir à coudre de col ou de biais. Comme son nom l'indique un enforme donnera de la forme au vêtement. Le terme est souvent confondu avec celui de parementure. La parementure est destinée à être vue. L'enforme reste caché.

1▸ Poser l'enforme le plus grand (dans ce modèle, il s'agit exceptionnellement du devant!) sur une surface plane, endroit vers vous. Poser les enformes de côté sur l'enforme le plus grand, endroit contre endroit. Faire correspondre les petites longueurs. Piquer les petits côtés à la machine.

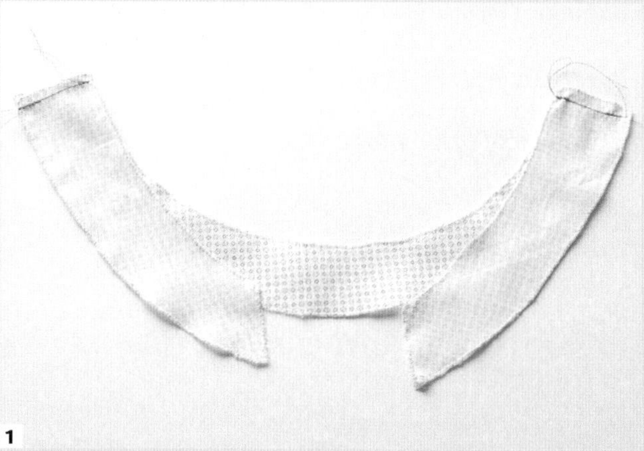

1

2▸ Poser la chemise sur une surface plane, endroit vers vous. Poser l'enforme à l'envers par-dessus. Faire correspondre les bords. Enforme et encolure sont dits alors «endroit contre endroit». Épingler régulièrement. Piquer à la machine à 0,5 cm du bord (ici, valeur de la couture, comptée dans le patron).

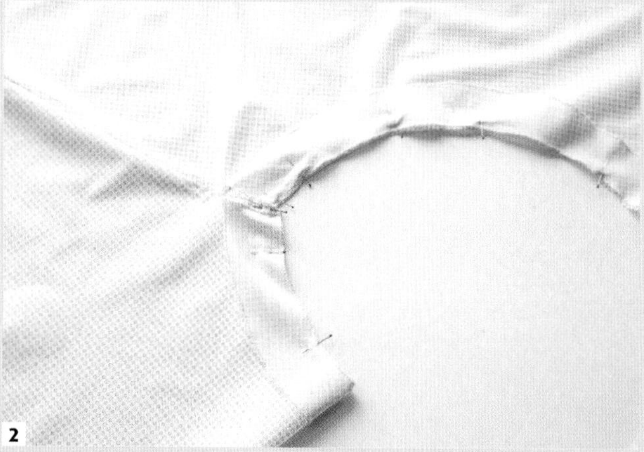

2

3▸ Cranter régulièrement toute l'encolure. Faire de petits triangles aux ciseaux pour enlever de l'épaisseur au tissu. Ne pas couper la couture ! Cela va vous permettre de retourner et de placer l'enforme plus facilement.

3

4▸ Retourner l'enforme sur l'envers du vêtement. Repasser pour bien placer l'enforme et maintenir avec un petit point au niveau des coutures..

4

Modèle n°7

PATRON 4 PIÈCES
PLANCHE B
COUTURES COMPRISES 0,5 CM

Chemise col Mao

FOURNITURES

- 120 x 140 cm de tissu de coton réf Illusion rose
- Machine à coudre
- Boîte à couture
- Fer à repasser

JE RÉALISE

Reproduire le patron sur papier à taille voulue.

Couper dans le tissu en respectant les indications de droit fil : (1)
1 devant
1 dos
2 manches
2 cols
1 bande de 5 x 40 cm pour le devant

- Surfiler les pièces.

1

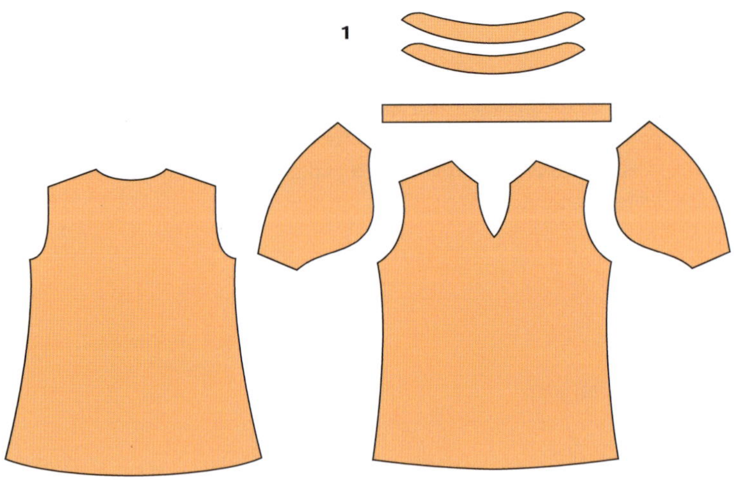

Les fleurs
love

PRÉPARER LES PINCES

- Dessiner les pinces sur le devant. Plier le tissu pour faire correspondre les grands côtés du triangle de pince. Piquer la pince en commençant par la partie large. Faire en sorte que la partie la plus fine soit presque parallèle au tissu. La pince sera plus fine.
- Ne pas couper la pince, mais la rabattre vers le bas de la chemise. **(2)**

2

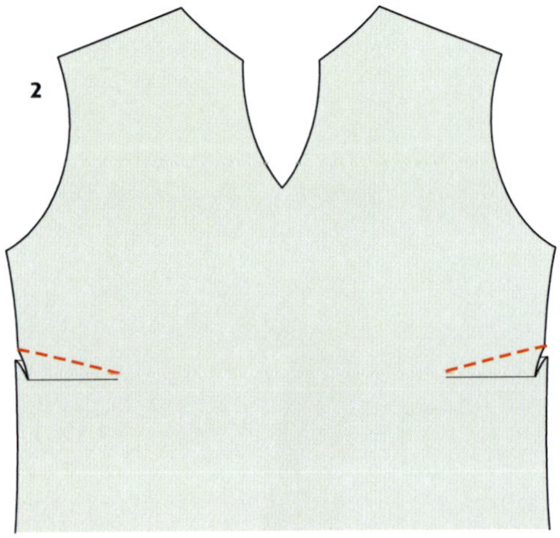

ASSEMBLAGE DE LA CHEMISE

Poser le devant sur le dos, endroit contre endroit. Piquer les épaules et les côtés à 0,5 cm des bords. **(3)** Repasser.

3

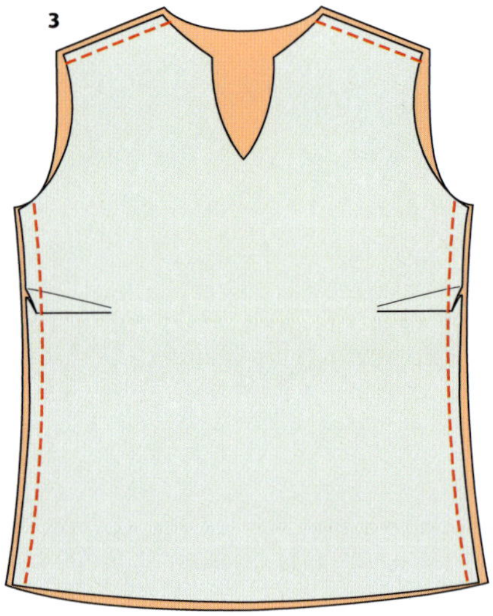

PRÉPARER LES MANCHES

- Plier la manche en deux, endroit contre endroit. Fermer en piquant le côté à 0,5 cm. Retourner la manche sur l'endroit.
- Glisser la manche à l'endroit, dans l'emmanchure (la chemise est toujours à l'envers). Poser des épingles pour maintenir en place. Piquer la manche dans l'emmanchure.
- Recommencer avec la deuxième manche. **(4)**

4

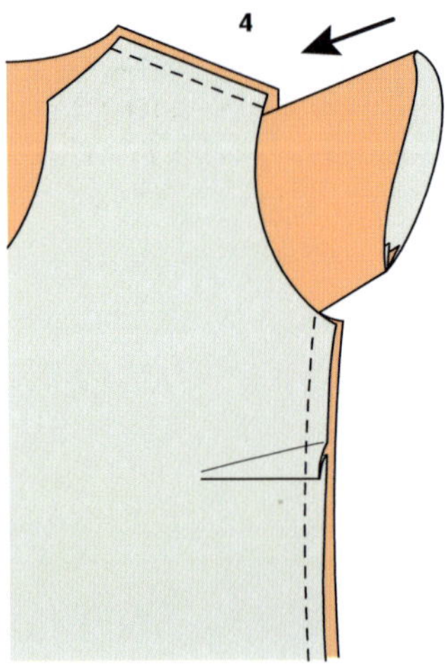

PRÉPARER L'ÉCHANCRURE

Leçon p.49

‣ Plier en deux la bande de 5 x 40 cm dans le sens de la longueur. Rabattre 0,5 cm de chaque grand côté vers l'intérieur. Marquer les plis au fer.

‣ Poser la bande endroit contre endroit sur l'échancrure de devant de la chemise. Piquer à 0,5 cm. Rabattre la bande sur elle-même comme s'il s'agissait d'un biais. Coudre à petits points invisibles. Couper l'excédent de bande. **(5)**

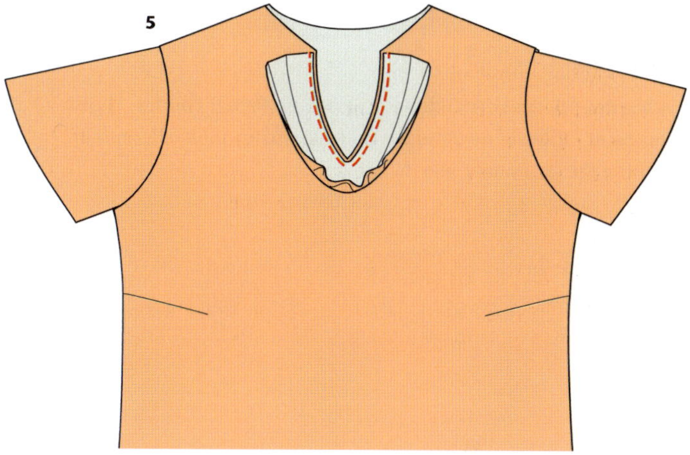

PRÉPARER LE COL

‣ Poser les deux cols endroit contre endroit. Piquer tout l'arrondi. Cranter l'arrondi. Retourner sur l'endroit. Repasser.
Faire un rentré de 0,5 cm vers l'intérieur sur tout le bas du col. Repasser pour maintenir les plis.

‣ Plier le col en deux pour déterminer le milieu. Poser une épingle de repère de milieu. Plier le dos en deux. Poser une épingle de repère.

‣ Poser le col sur le dos, endroit contre endroit, en faisant correspondre les repères de milieu. Piquer une épaisseur de col sur le dos. Rabattre le col sur l'intérieur de la chemise. Coudre à petits points le col à l'intérieur. **(6)**

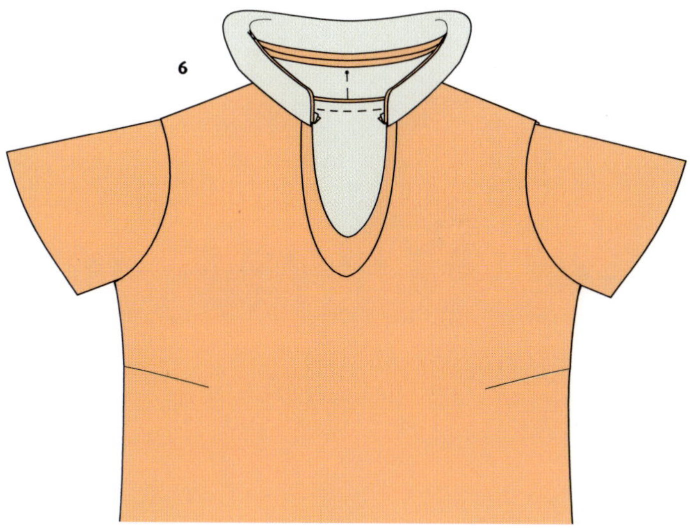

Modèle n°7
suite

OURLER LES MANCHES

Rabattre 0,5 cm vers l'intérieur. Repasser. Piquer l'ourlet : choisir un point fantaisie de votre machine. Cherchez un fil de couleur contrastée et amusez-vous !

OURLER LE BAS DE LA CHEMISE

Rabattre 1 cm vers l'intérieur. Marquer le pli au fer. Rabattre de nouveau 2 cm vers l'intérieur. Piquer.

FINITIONS

Faire une jolie piqûre sous le col et sous la bande d'échancrure. Vous pouvez reprendre le même point que pour l'ourlet du bas ou, au contraire, changer. Faites ce qui vous fait plaisir !

Coudre un col rond

Ce col est en deux parties qui doivent s'ajuster. Il finit très joliment une tunique.

1▸ Poser les deux cols, endroit contre endroit. Épingler ou bâtir pour maintenir en place toute la partie arrondie (photo). Piquer toute la partie arrondie. Laisser la partie plate non cousue. Cranter pour retirer de l'épaisseur au tissu et pouvoir retourner.
Retourner le col sur l'endroit et repasser.

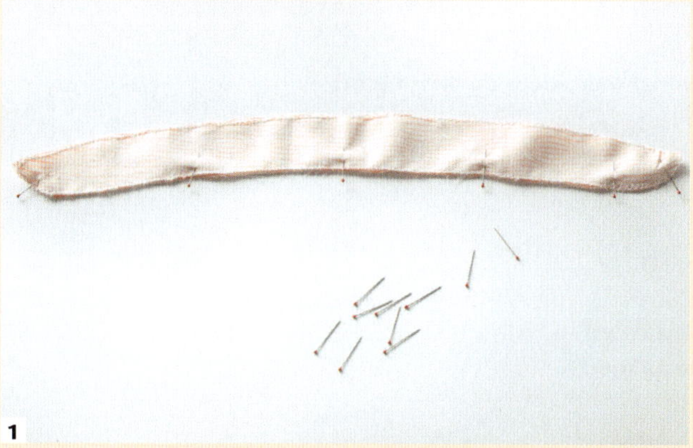

1

2▸ Couper une bande de 6 x la longueur de l'échancrure dans le biais du tissu. Poser la bande sur l'échancrure, endroit contre endroit. Épingler tout le long (photo). Piquer la bande. Faire un rentré vers l'intérieur sur la grande longueur laissée non cousue.
Rabattre ensuite la bande et la coudre comme un biais.

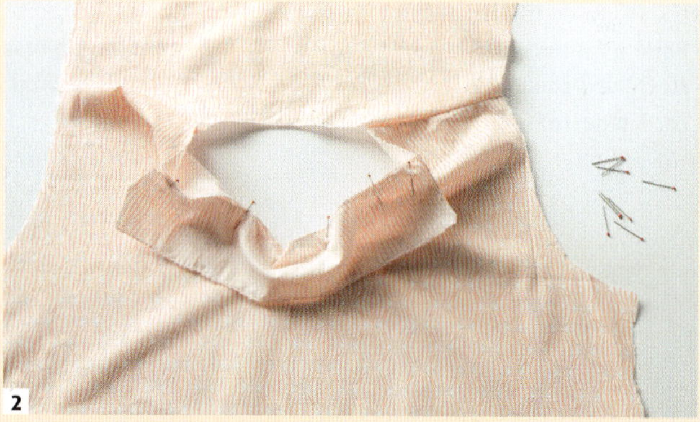

2

3▸ Poser le col. Poser le vêtement sur une surface plane, endroit vers vous. Poser le col dessus. Épingler une épaisseur de col à l'encolure.

3

4▸ Rabattre 0,5 cm à l'intérieur du deuxième col, le col non cousu à l'encolure. Rabattre le deuxième col sur l'intérieur de la chemise. Coudre à petits points glissés.

4

Modèle n°8

PATRON 3 PIÈCES
PLANCHE B
COUTURES COMPRISES 0,5 CM

Tunique légère

FOURNITURES

- 100 x 140 cm de tissu très léger blanc à étoiles parme
- 5 x 50 cm de tissu mauve à tête de mort
- Boîte à couture
- Machine à coudre
- Fer à repasser

JE RÉALISE

Recopier le patron à taille voulue. Marquer sur le patron toutes les indications données.

Couper en respectant les indications de droit fil: (1)
- dans le tissu à étoiles:
1 devant
1 dos
2 manches
4 x 100 cm pour le galon
- dans le biais:
5 x 90 cm pour le biais de col
- dans le tissu à tête de mort:
1 bande de 5 x 50 cm

- Surfiler les pièces.

1

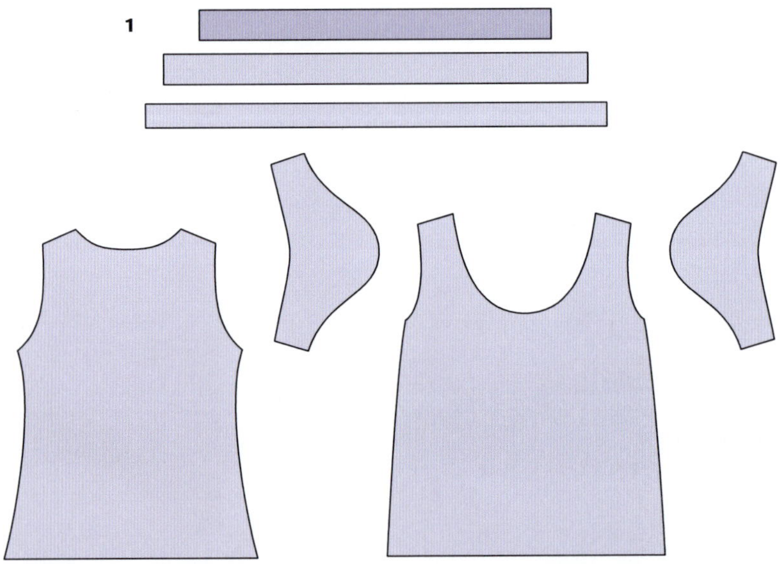

ASSEMBLAGE DU CORPS

Assembler le dos au devant, endroit contre endroit. Piquer les côtés et les épaules à 0,5 cm du bord. Repasser en ouvrant les coutures au fer. **(2)**

2

PRÉPARATION ET MONTAGE DES MANCHES

Leçon p.55

- Fermer chaque manche en la pliant en deux, endroit contre endroit. Piquer à 0,5 cm.
- Passer un fil de fronces dans le haut des manches entre les repères donnés sur le patron.

Froncer légèrement les manches. **(3)**

3

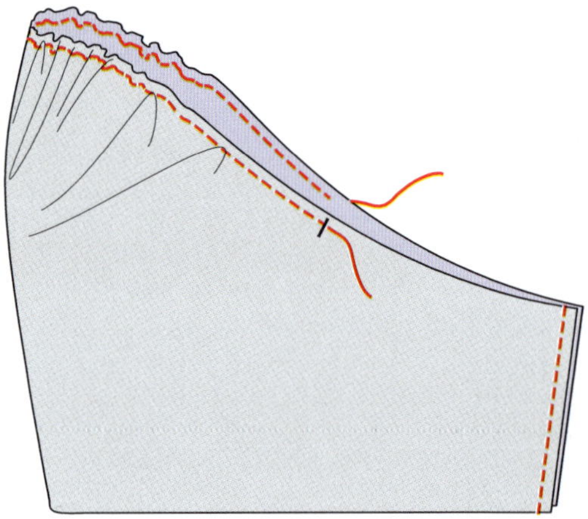

- Retourner la manche sur l'endroit.
- Glisser chaque manche dans une emmanchure, endroit contre endroit. Épingler régulièrement la partie non froncée. Répartir les fronces. La manche doit avoir le même diamètre que l'emmanchure. Épingler très régulièrement.

Piquer la manche dans l'emmanchure.

PRÉPARER LE COL

‣ Poser le biais de col entre les repères, endroit contre endroit. Piquer à 0,5 cm des bords. Couper les excédents de biais. Rabattre 0,5 cm à chaque extrémité. Faire un rentré de 0,5 cm vers l'intérieur sur toute la longueur non cousue. Rabattre le biais vers l'intérieur de l'encolure. Coudre à petits points.

‣ Poser une deuxième bande de biais plus courte entre les deux repères en bas de l'encolure de la même façon **(4)**.

4

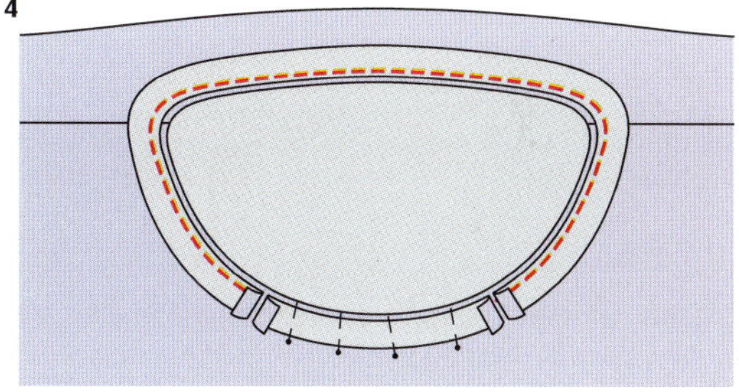

PRÉPARER LES GALONS

‣ Plier en deux la grande bande de tissu à étoiles. Piquer à 0,5 cm du bord. Retourner la bande sur elle-même à l'aide d'une épingle à nourrice.
Faire de même avec la bande de tissu à tête de mort. **(5)**

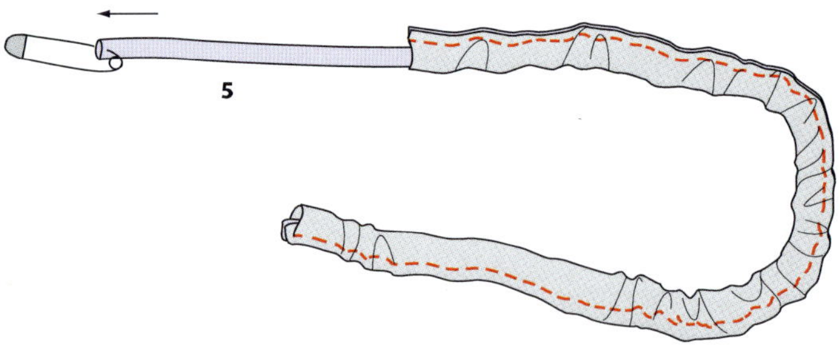

‣ Piquer une épingle à nourrice dans le galon à étoiles. Glisser le galon dans l'encolure du haut.
Couper en deux le galon à tête de mort. Coudre une extrémité de chaque côté du devant de la chemise.
Nouer les galons ensemble.

OURLER LES MANCHES

Rabattre 0,3 cm vers l'intérieur. Repasser. Rabattre ensuite 0,5 cm. Repasser. Piquer l'ourlet. Si vous avec une machine équipée d'un pied-de-biche spécial ourlet fin, profitez-en !

OURLER LE BAS DE LA CHEMISE

Rabattre 1 cm vers l'intérieur. Marquer le pli au fer. Rabattre de nouveau 2 cm vers l'intérieur. Coudre à la main ou à la machine.

Coudre une manche froncée

Les manches sont toujours un peu plus larges que l'emmanchure. Il faut donc légèrement froncer la manche. Cela s'appelle l'embu. Cela donnera un peu d'aisance à la manche et vous permettra de bouger ! Certaines manches sont à peines froncées, ou plissées, d'autres au contraire jouent sur cette différence de volume.

1▸ Reporter sur la pièce de manche les repères de fronces donnés sur le patron (des épingles feront parfaitement l'affaire). Fermer la manche en la pliant endroit contre endroit. Épingler les parties plates entre elles. Piquer la partie plate à la machine.

1

2▸ Passer un fil de fronces entre les repères notés, donnés sur le patron.

2

3▸ Retourner la manche sur l'endroit. (Attention en général, on oublie cette étape !).
La chemise est encore à l'envers. Il ne faut pas la retourner après avoir fait les coutures d'épaules et de côtés. (C'est la deuxième principale source d'erreur.)
Glisser la manche dans la chemise. Manche et chemise sont alors endroit contre endroit. Faire correspondre les coutures du bas. Ce sera beaucoup plus joli quand vous la porterez !

3

4▸ Épingler tout le bas de la manche dans l'emmanchure.
Tirer sur les fils de fronces pour que le diamètre de la manche corresponde parfaitement à l'emmanchure. Épingler.
Piquer la manche dans l'emmanchure. Retirer les fils de fronces et les épingles.

4

Modèle n°9

PATRON 3 PIÈCES
PLANCHE B
COUTURES COMPRISES 0,5 CM

Tunique brodée

FOURNITURES

- 130 x 150 cm de tissu blanc à pois argent
- Fil à coudre parme
- Fil à coudre vert fluo
- Boîte à couture
- Machine à coudre
- Fer à repasser

JE RÉALISE

Recopier le patron à taille voulue. Marquer sur le patron toutes les indications données.

Couper dans le tissu en respectant les indications de droit fil : (1)
1 devant
1 enforme devant
1 dos
1 enforme dos
2 manches

Surfiler les pièces.

1

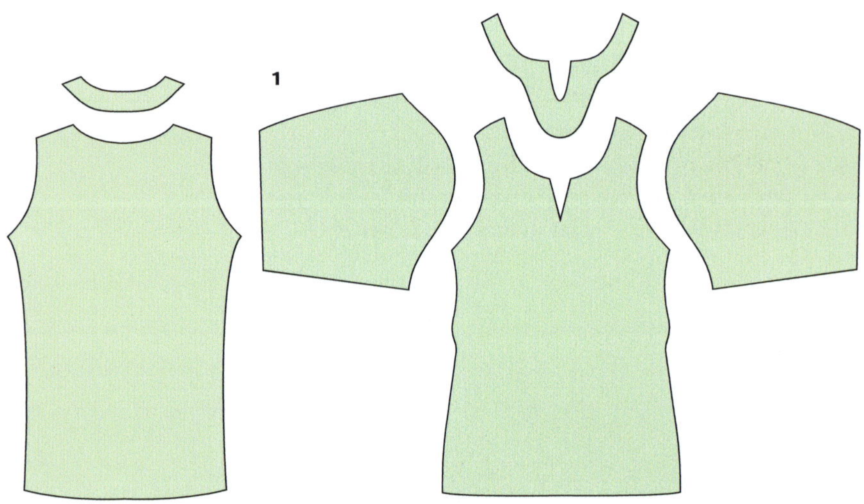

ASSEMBLAGE DE L'ENFORME

Poser l'enforme de dos sur l'enforme de devant, endroit contre endroit. Assembler par les petits côtés. Piquer. Repasser. **(2)**

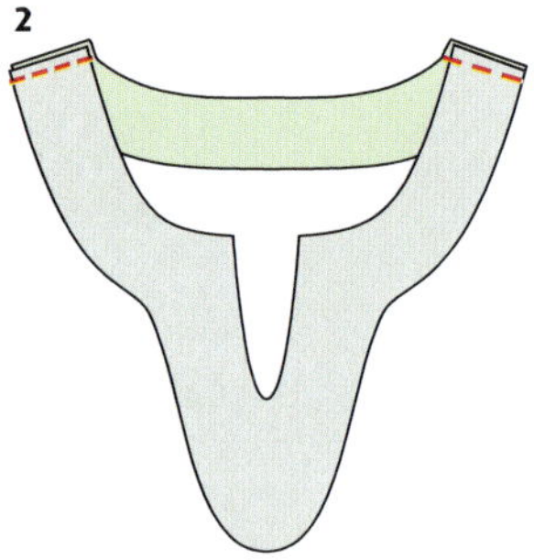

PRÉPARER LES PINCES DE LA CHEMISE

Leçon p.61

- Dessiner les pinces sur le devant. Plier le tissu pour faire correspondre les grands côtés du triangle de pince. Piquer la pince en commençant par la partie large. Faire en sorte que la partie la plus fine soit presque parallèle au tissu. La pince sera plus fine.
- Piquer les deux pinces. Ne pas couper la pince, la rabattre vers le bas de la chemise.

ASSEMBLAGE DE LA CHEMISE

- Poser le devant sur le dos, endroit contre endroit. Piquer les épaules et les côtés à 0,5 cm des bords. **(3)** Repasser.

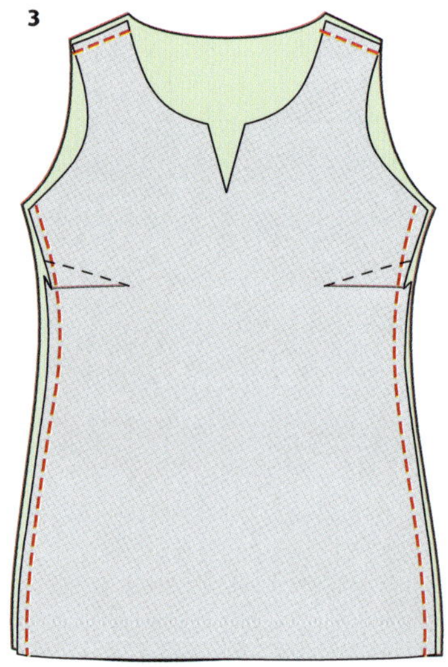

- Poser l'enforme sur le col de la tunique, endroit contre endroit. Piquer l'enforme. Cranter l'arrondi. Retourner l'enforme sur l'intérieur de la chemise. Repasser. Faire un petit point discret au niveau des coutures d'épaules pour maintenir l'enforme en place.

PRÉPARER LES MANCHES

- Plier la manche en deux, endroit contre endroit. Fermer en piquant le côté à 0,5 cm. Retourner la manche sur l'endroit.
- Glisser la manche, endroit contre endroit, dans l'emmanchure. Attention à respecter les indications de dos et devant de manche du patron !

Poser des épingles pour maintenir en place. Piquer. **(4)**

4

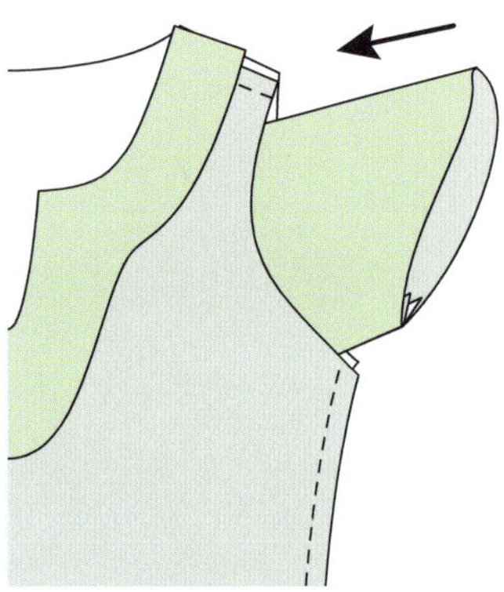

FINITIONS

Broder l'encolure

- Bâtir l'enforme à l'intérieur de la chemise pour bien la maintenir en place.
- Choisir un point fantaisie de la machine : c'est le moment de les essayer sur une chute de tissu. Broder toute l'encolure à 1,5 cm du bord au fil vert fluo. Refaire une autre couture de broderie à 0,5 cm de la première au fil parme. Bien évidemment vous pouvez changer les couleurs de fil et assortir la tunique à un pantalon...

Retirer le fil de bâti.

- Broder aussi le dos, façon tatouage...

Ourler les manches

Rabattre 1 cm vers l'intérieur. Repasser. Rabattre ensuite 2 cm. Repasser. Piquer l'ourlet à 0,5 cm au fil vert fluo avec le point fantaisie choisi pour l'encolure. Repiquer à 1,5 cm avec le même point fantaisie mais au fil parme cette fois-ci.

Ourler le bas de la chemise

Rabattre 1 cm vers l'intérieur. Marquer le pli au fer. Rabattre de nouveau 2 cm vers l'intérieur. Coudre à la machine au fil parme avec le même point fantaisie.

Coudre une pince poitrine

Deux jolies pinces fines sur les poitrines permettent d'ajuster un vêtement. Ce sera plus joli. Cela évitera l'effet « sac ». Coudre les pinces ne prend que quelques minutes et change réellement l'aspect et le fini d'une chemise !

1▸ Reporter sur le tissu les repères donnés sur le patron. Vous pouvez dessiner les pinces au feutre à textile soluble à l'eau. C'est pratique et le trait s'effacera rapidement avec un peu d'eau. Marquer la pince sur l'endroit et l'envers du tissu.

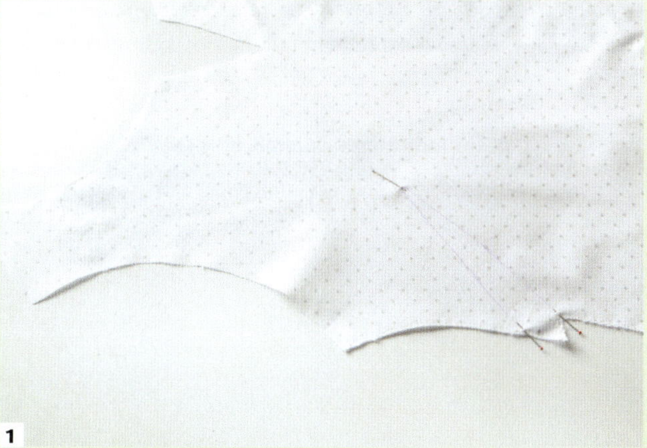

1

2▸ Plier le tissu pour superposer les deux grandes longueurs du triangle de la pince.

2

3▸ Piquer la pince à la machine. Commencer par la partie large du triangle pour finir le plus en pointe possible. La pince est cousue sur l'envers du tissu.

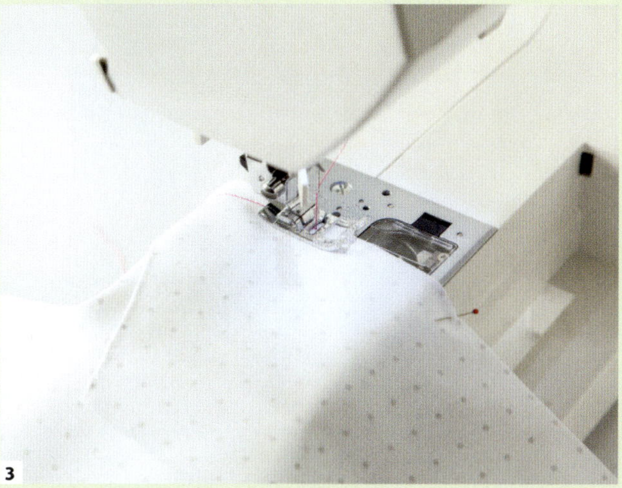

3

4▸ Repasser la pince en la rabattant vers le bas. Ne pas couper la pince.
Recommencer de l'autre côté pour la deuxième pince.

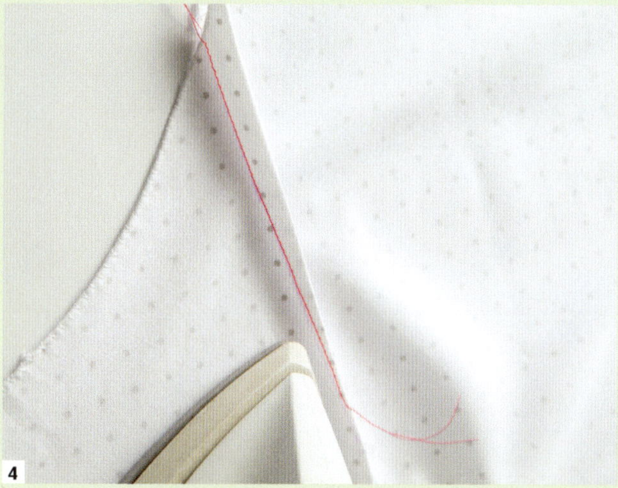

4

Modèle n°10

PATRON 5 PIÈCES
PLANCHE A
COUTURES COMPRISES 0,5 CM

Chemise cintrée manches ballon

FOURNITURES

- 160 x 110 cm de tissu bleu encre mini-taches
- Boîte à couture
- Machine à coudre
- Fer à repasser

JE RÉALISE

Recopier le patron à taille voulue. Marquer sur le patron toutes les indications données.

Couper dans le tissu en respectant les indications de droit fil : (1)
1 devant
1 enforme devant
2 dos
2 enformes dos
4 manches
4 enformes de manche

Surfiler les pièces.

1
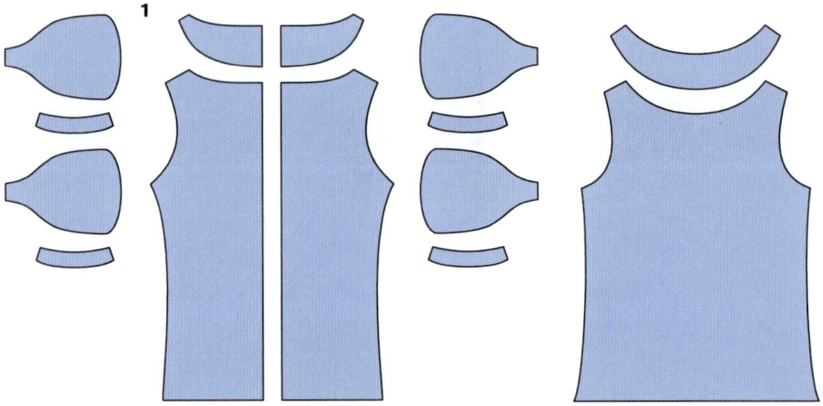

PRÉPARER LE DOS

Leçon p.89

› Préparer les pinces de dos
Dessiner les pinces de dos sur les pièces de dos au feutre à textile. Les pinces de dos se piquent en deux fois.
Partir du milieu de la pince vers la pointe. Repositionner le tissu dans la machine pour piquer la deuxième pointe de la pince.
Piquer ainsi les deux pinces.
Repasser en les rabattant vers le milieu.
› Fermer le dos en superposant les deux dos, endroit contre endroit. Piquer à 0,5 cm du bord.

MONTER LA CHEMISE

Poser le devant sur le dos, endroit contre endroit. Piquer les épaules et les côtés à 0,5 cm des bords. **(2)** Repasser.

2

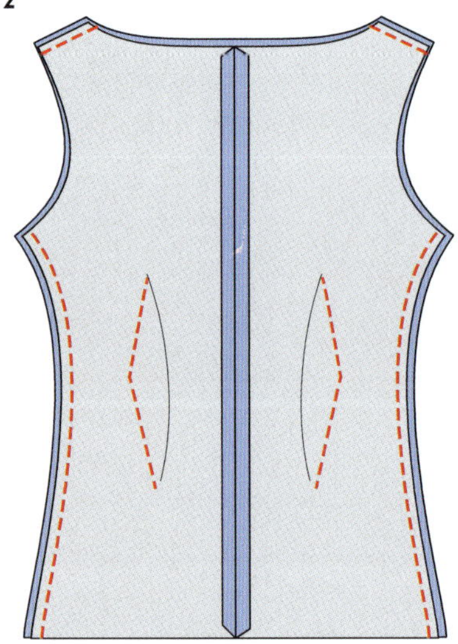

PRÉPARER LES ENFORMES

› Poser les enformes de dos, endroit contre endroit. Piquer et repasser. Poser l'enforme de dos sur l'enforme de devant, endroit contre endroit. Assembler par les petits côtés. Piquer. **(3)** Repasser.

3

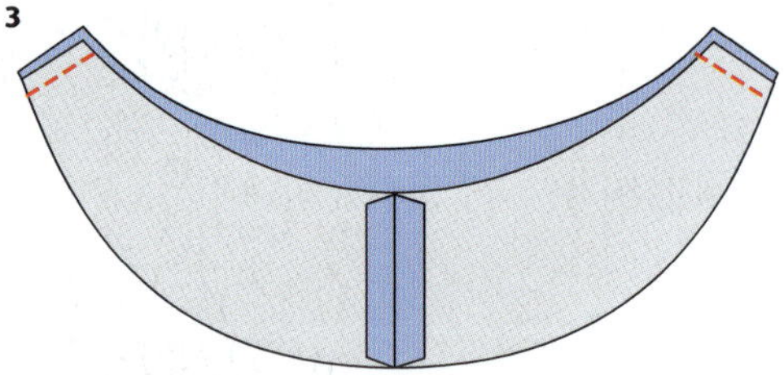

› Poser l'enforme sur l'encolure, endroit contre endroit. Piquer l'enforme à l'encolure. Cranter l'arrondi. Retourner l'enforme sur l'envers de la chemise. Faire un petit point discret au niveau des coutures d'épaules pour maintenir l'enforme en place.

PRÉPARER LES MANCHES

Leçon p.67

‣ Poser les pièces de manches, endroit contre endroit, deux par deux. Piquer sur la partie arrondie. **(4)**

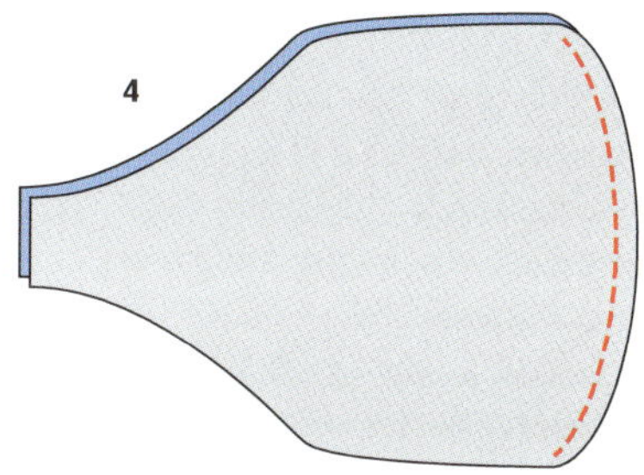

Leçon p.55

‣ Passer deux fils des fronces dans le haut des manches entre les repères donnés sur le patron.
Froncer légèrement les manches. Retourner les manches sur l'endroit.
‣ Glisser chaque manche dans une emmanchure, endroit contre endroit. Épingler régulièrement la partie non froncée. Tirer sur les fils de fronces pour les répartir et adapter la taille de la manche à la taille de l'emmanchure. La manche doit avoir le même diamètre que l'emmanchure. Épingler très régulièrement.
Piquer la manche dans l'emmanchure.

Préparer les plis des bas de manche

‣ En vous reportant aux repères donnés sur le patron : faire deux plis plats en les rabattant sur le milieu de la manche. Maintenir avec des épingles.
‣ Superposer deux pièces d'enforme, endroit contre endroit. Assembler en piquant en tube par les petits côtés. Poser les enformes de manche sur le bas de la manche. Piquer. Repasser puis rabattre l'enforme vers l'intérieur de la manche. Coudre l'enforme de quelques petits points discrets au niveau des coutures de manche. Les enformes seront maintenus en place.

OURLER LE BAS DE LA CHEMISE

Rabattre 1 cm vers l'intérieur. Marquer le pli au fer. Rabattre de nouveau 2 cm vers l'intérieur. Piquer à la machine.

FINITIONS

Couper dans les chutes de tissu des bandes de 5 x 30 cm environ. Passer un fil de fronces au milieu de chaque bande en piquant à la machine et en réglant le point sur une grande longueur. Froncer. Enrouler chaque bande sur elle-même de façon à former une fleur. Coudre des fleurs sur le bas de la chemise.

Créer des manches à effets

**La manche a plus de tissu que l'emmanchure pour pouvoir bouger le bras.
Cela permet de créer des effets sur les manches. Si on peut les froncer, on peut aussi faire des plis.**

1▸ Poser une pièce de manche à plat, endroit vers vous. Poser la deuxième pièce de manche par-dessus, envers vers vous. Les deux parties sont assemblées endroit contre endroit. Épingler les deux pièces sur le côté à assembler (photo), puis coudre.

1

2▸ Ouvrir la manche cousue. Poser la manche, endroit vers vous. Former les deux grands plis plats sur le bas de manche en vous reportant aux repères donnés sur le patron. Épingler les plis pour les maintenir en place. Le bas de la manche aura la même longueur que le biais d'enforme.

2

3▸ Retourner la manche, endroit vers vous.
Poser l'enforme par-dessus, en faisant correspondre les longueurs de bas de manche. L'enforme doit être posé, endroit contre endroit. Piquer à la machine.

3

4▸ Passer un fil de fronces sur le haut de la manche. (Ensuite voir le montage dans les leçons « coudre une manche froncée », p. 55 ou « coudre une manche à plat », p. 95.)
Rabattre l'enforme sur l'intérieur de la manche.
Repasser pour que les coutures soient nettes.

4

Modèle n°11

PATRON 3 PIÈCES
PLANCHE A
COUTURES COMPRISES 0,5 CM

Chemise années 1950

FOURNITURES

- 110 x 150 cm de Liberty réf Betsy porcelaine
- 150 cm de galon fantaisie souple rose vif
- Boîte à couture
- Machine à coudre
- Fer à repasser

JE RÉALISE

Recopier le patron à taille voulue. Marquer sur le patron toutes les indications données.

Couper dans le Liberty en respectant les indications de droit fil : (1)
1 devant
1 dos
2 manches
4 bandes de 6 x 80 cm pour le col

Surfiler les pièces.

1

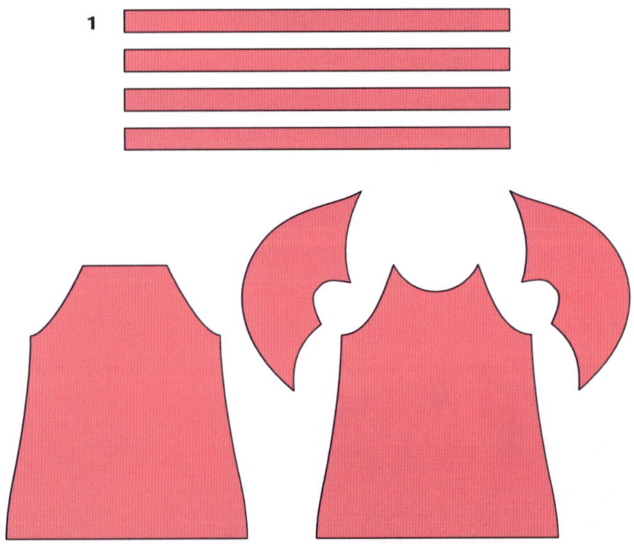

All you need is love

ASSEMBLAGE DES MANCHES

‣ Le montage des manches est un peu particulier. Le haut des manches est une partie de l'encolure.
Assembler le devant des manches au devant de la chemise, endroit contre endroit. Piquer le devant de la manche. **(2)**

2

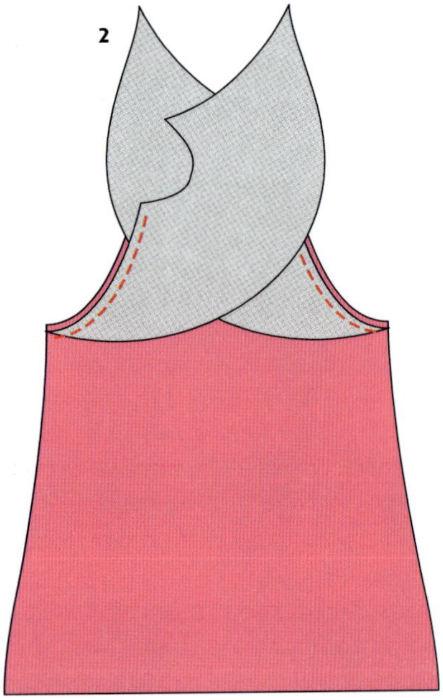

‣ Assembler le dos des manches au dos, endroit contre endroit. Piquer. **(3)**
Repasser les coutures.

3

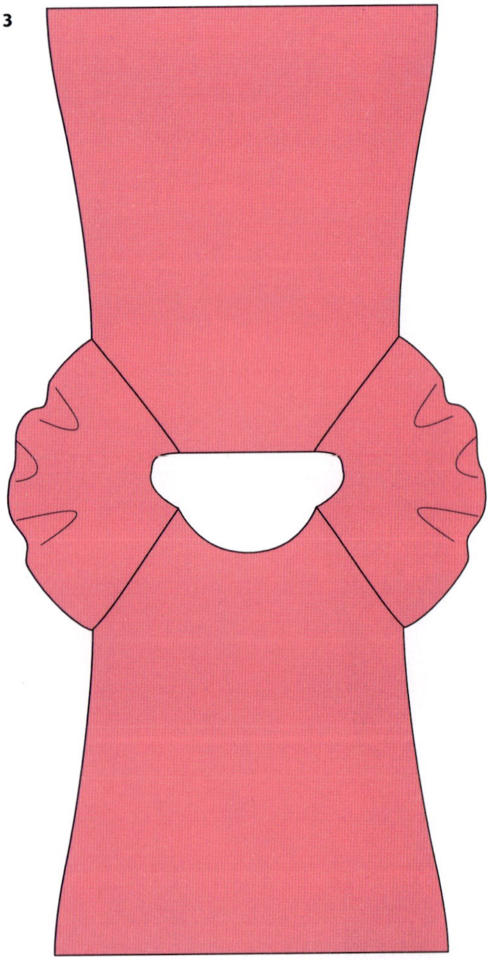

ASSEMBLAGE DE LA CHEMISE

Assembler le dos au devant, endroit contre endroit, par les côtés. Piquer à 0,5 cm des bords. Ouvrir les coutures au fer.

PRÉPARATION DU COL

Leçon p.73

- Assembler les bandes de col deux par deux par un petit côté, endroit contre endroit. Piquer. **(4)** Ouvrir la couture au fer. Vous obtenez deux longues bandes de col.

4

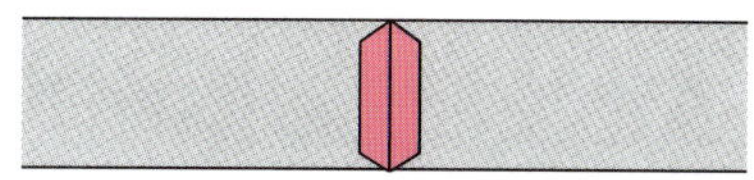

- Poser le galon le long d'un grand côté d'une bande, sur l'endroit, festonnage du galon tourné vers le milieu du galon. Piquer le galon.
Poser la deuxième bande de col par-dessus, endroit contre endroit. Le galon se trouve entre les deux épaisseurs. Piquer sur la couture du galon. Retourner sur l'endroit et repasser. Le galon festonné doit ressortir.
- Rabattre 0,5 cm vers l'intérieur de chaque côté non cousu.
- Poser la bande de col sur l'encolure en superposant le milieu du dos avec la couture de milieu de la bande, endroit contre endroit. Piquer le col à 0,5 cm du bord. **(5)** Repasser. Les bandes dépassent largement de chaque côté sur le devant. C'est normal !

5

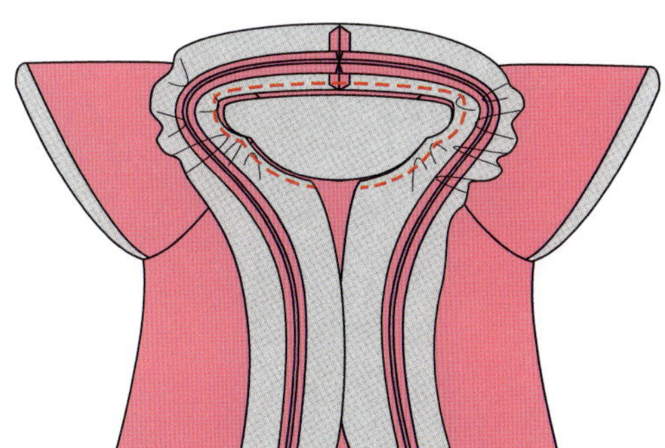

- Rabattre 0,5 cm sur chaque bande vers l'intérieur, tout le long du grand côté non cousu.
- Fermer le col à petits points en rabattant la bande de col sur l'intérieur de l'encolure.
- Fermer les deux pendants du devant, à petits points.
- Couper les deux pendants de devant en pointe. Rabattre 0,5 cm vers l'intérieur. Fermer à petits points.

OURLER LES MANCHES

Rabattre 0,3 cm vers l'intérieur. Repasser. Rabattre ensuite 0,5 cm. Repasser. Piquer l'ourlet. Utilisez, si vous en avez un, le pied-de-biche spécial ourlet fin.

OURLER LE BAS DE LA CHEMISE

Rabattre 1 cm vers l'intérieur. Marquer le pli au fer. Rabattre de nouveau 2 cm vers l'intérieur. Coudre à la main ou à la machine.

Poser un galon fantaisie

Ajouter un galon fantaisie à une couture peut rehausser une couleur et donner du peps à un modèle. C'est un savoir-faire à connaître : il faut procéder par étape !

1▸ Bâtir le galon fantaisie sur l'endroit du tissu, le long du bord. Tourner le feston vers l'intérieur du tissu. Piquer le galon à la machine, sur la partie plate du galon.
À savoir : le passepoil se pose de la même façon.

1

2▸ Poser la deuxième épaisseur de tissu par-dessus. Les tissus sont endroit contre endroit. Le galon se trouve inséré entre les deux épaisseurs. Épingler puis bâtir régulièrement les tissus et le galon pour les maintenir en place.

2

3▸ Piquer. Pour piquer, aidez-vous de la première couture. Piquer en suivant son tracé. Le secret d'une pose de galon réussie réside dans le fait de superposer ces deux piqûres. Retirer le fil de bâti.

3

4▸ Retourner les tissus sur l'endroit. En retournant, le galon va se dégager. Repasser pour faire une jolie finition.

4

Modèle n°12

PATRON 2 PIÈCES
PLANCHE A
COUTURES COMPRISES 0,5 CM

Chemise bleue à petits plis

FOURNITURES

- 150 x 140 cm de tissu réf Liberty Adeladja bleu
- Fil bleu
- Boîte à couture
- Machine à coudre
- Fer à repasser

JE RÉALISE

- Recopier le patron à taille voulue. Marquer sur le patron toutes les indications données, ici c'est très important.

Couper en respectant les indications de droit fil: (1)

1 devant

1 dos

Surfiler les pièces.

1

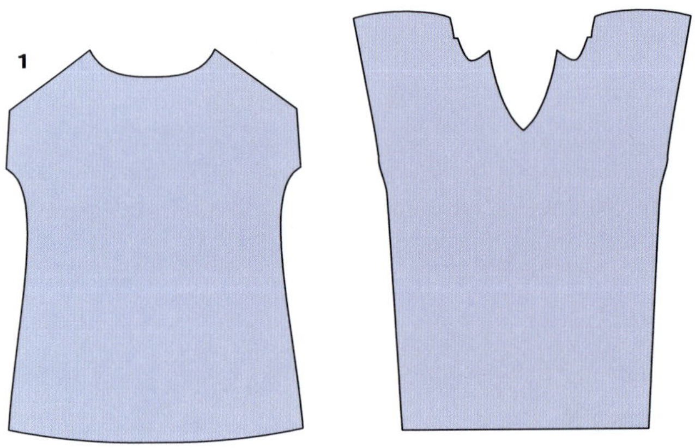

PRÉPARER LE DEVANT

Leçon p.77

- Marquer sur la pièce de devant les emplacements des quatre plis du haut.
Marquer les emplacements des deux plis du bas.
- Faire de petits plis plats de 0,5 cm sur chaque repère noté sur le patron. Tourner les plis vers le milieu de la chemise.
- Piquer les plis du haut sur 4 cm de hauteur environ. **(2)**

2

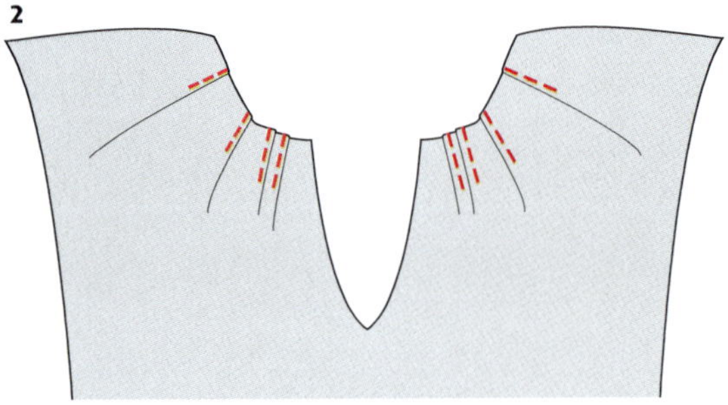

- Marquer et piquer de la même façon les plis du bas de la chemise. **(3)**

3

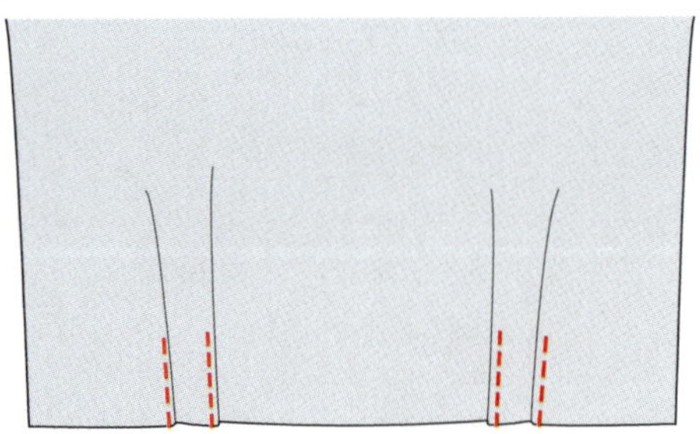

ASSEMBLAGE DU CORPS

- Assembler le dos au devant, endroit contre endroit. Piquer les côtés et les épaules à 0,5 cm du bord. **(4)** Repasser en ouvrant les coutures au fer.
- Attention, les emmanchures sont asymétriques ! Celles du dos sont très courtes. C'est pour donner du style !

4

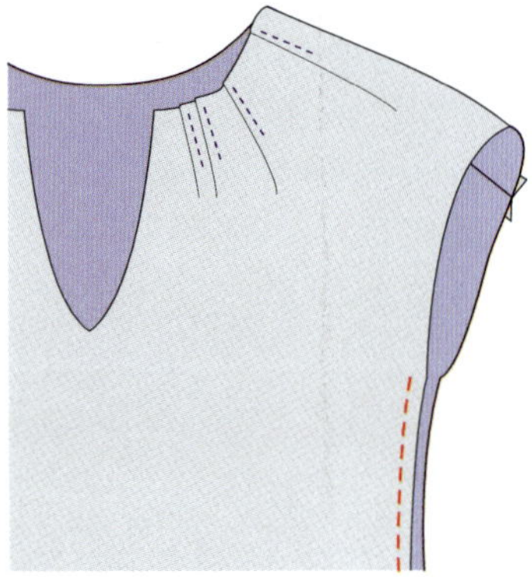

OURLER LES BRAS

Faire un double rentré de 0,5 cm aux bras. Piquer. (Si vous avez le pied-de-biche adéquat, pour les petits rentrés, c'est mieux !)

OURLER LE BAS

Faire un rentré de 0,5 cm, puis de 1 cm. Piquer.

FINITIONS

Rabattre 0,5 cm vers l'intérieur de l'encolure. Repasser pour marquer le pli. Choisir un point fantaisie sur votre machine. Prendre un fil de couleur foncée, assortie au tissu. Piquer toute l'encolure à 0,3 cm du bord au fil de couleur et au point fantaisie. Repiquer chaque couture de plis avec le point fantaisie. **(5)**

5

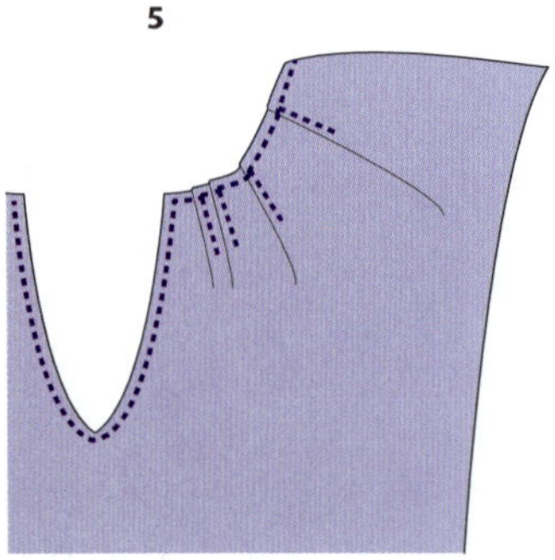

Coudre des petits plis fantaisie

**Faire des petits plis fantaisie apporte un peu d'ampleur au vêtement.
Les habiller d'un point fantaisie permet aussi de les cacher.**

1▸ Reporter les repères de plis indiqués sur le patron. Le feutre à textile soluble à l'eau est parfait pour cela. La trace s'effacera avec le temps ou avec un peu d'eau. Reporter les repères sur l'endroit du tissu.

1

2▸ Sur chaque repère, faire un petit pli de 0,3 cm de profondeur. Rabattre le tissu sur le repère. Maintenir avec une épingle. Bâtir.

2

3▸ Piquer sur chaque pli avec un joli point fantaisie. Retirer le fil de bâti.

3

4▸ Tirer les fils sur l'envers. Faire un nœud discret en nouant le fil principal avec le fil de canette.

4

Modèle n° 13

PATRON 3 PIÈCES
PLANCHE B
COUTURES COMPRISES 0,5 CM

Tunique manches raglan à gros plis

FOURNITURES

- 140 x 150 cm de tissu tête de mort quetsche
- 2 gros boutons à recouvrir de 2,5 cm de diamètre
- Un lot de strass à coudre ovales, des sequins cuivre, des petites perles couleur cuivre
- Boîte à couture
- Machine à coudre
- Fer à repasser

JE RÉALISE

Recopier le patron à taille voulue. Marquer sur le patron toutes les indications données.

Couper en respectant les indications de droit fil : (1)
- dans le tissu :
1 devant
1 dos
2 manches
2 bandes de 3 x 15 cm pour les pattes d'accrochage
- dans le biais du tissu :
1 bande de 4 x 80 cm pour le col
2 bandes de 4 x 40 cm pour les poignets

Surfiler les pièces.

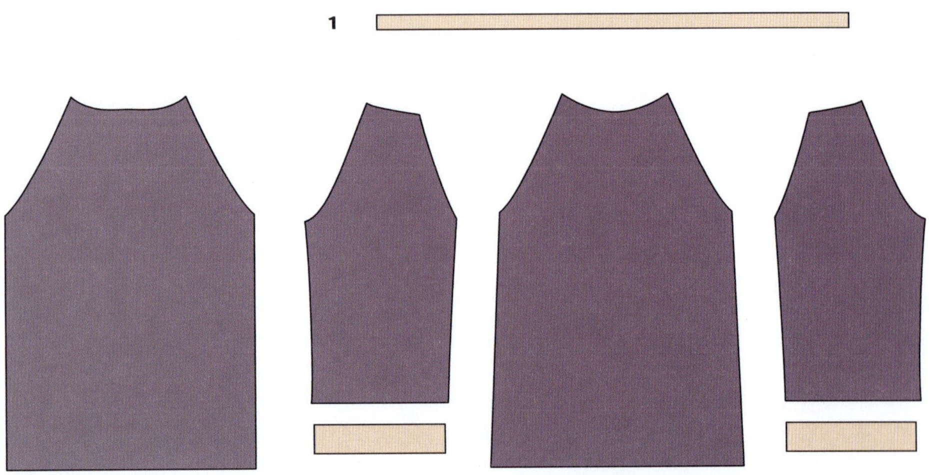

Come
with
Me

ASSEMBLER LES MANCHES RAGLAN

Leçon p.83

‣ Le montage des manches est un peu particulier. Le haut des manches est une partie de l'encolure.
Assembler endroit contre endroit le devant des manches au devant (les devant et dos de la manche sont indiqués sur le patron). Piquer le devant de la manche. **(2)**

2

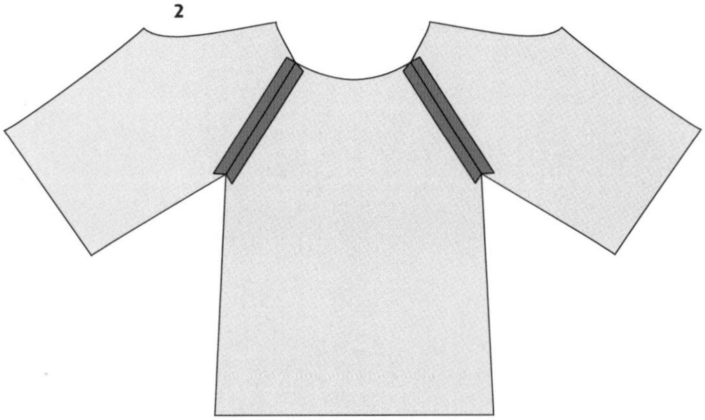

‣ Assembler le dos des manches au dos endroit contre endroit. Piquer.
‣ Repasser les coutures.

ASSEMBLER LA TUNIQUE

Assembler le dos au devant endroit contre endroit – par les côtés en partant du poignet jusqu'au bas de la tunique. Piquer à 0,5 cm des bords. Ouvrir les coutures au fer.

PRÉPARER LES PLIS DU DOS

Reporter les repères A, B et C sur le dos. Rabattre A sur C, milieu de chaque côté du dos – B, étant le milieu du pli. Maintenir les deux rabats avec des épingles. **(3)**

3

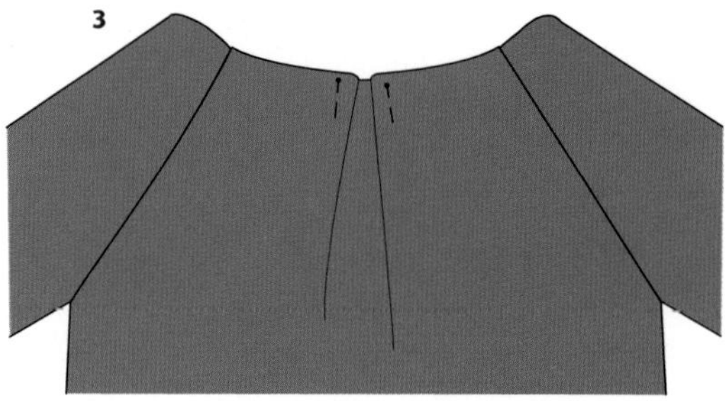

OURLER LE BAS DE LA TUNIQUE

Rabattre 1 cm vers l'intérieur. Marquer le pli au fer. Rabattre de nouveau 3 cm vers l'intérieur. Piquer.

POSER LE BIAIS DE COL

‣ Poser le biais sur toute l'encolure, sur le devant, endroit contre endroit. Piquer. **(4)**

4

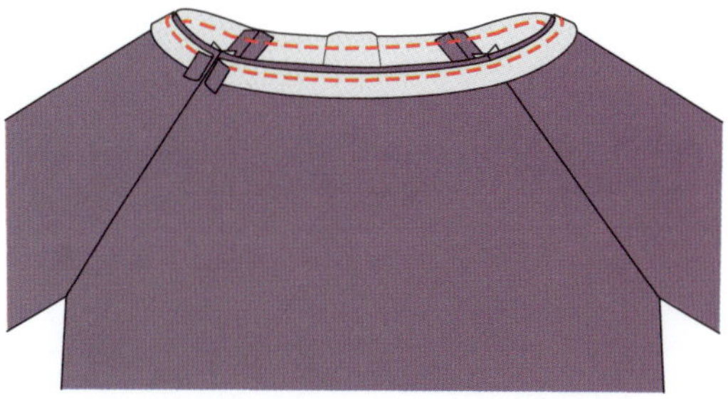

‣ Rabattre le biais sur l'envers. Coudre le biais à la main. Replier l'extrémité du biais.

‣ Coudre de la même façon le galon aux poignets. Pour donner du style, poser le biais sur l'envers du tissu.

POSER LES BOUTONS ET LES PATTES DE BOUTONNAGE

‣ Plier la bande de patte de boutonnage en deux, endroit contre endroit. Piquer la grande longueur à 0,5 cm du bord. Retourner sur l'endroit à l'aide d'une épingle à nourrice. Recouper deux longueurs de 6 cm environ. Plier en deux. Coudre la patte sur le devant à 4 cm du pli environ.

‣ Recouvrir de tissu 2 boutons. Suivre les indications du fabricant : couper une pièce de tissu au diamètre légèrement supérieur au bouton.

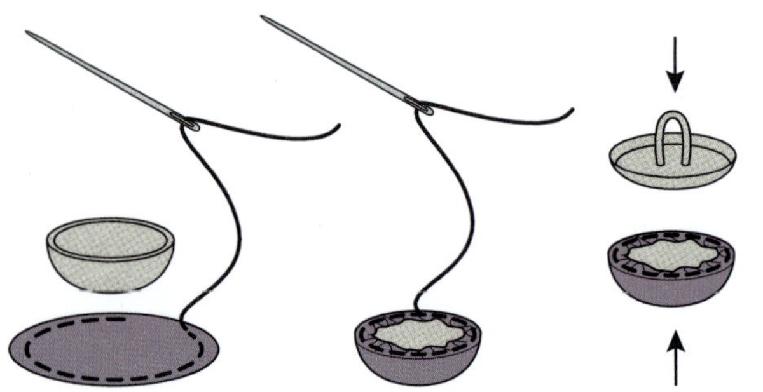

‣ Passer un fil de fronce tout autour du cercle en tissu. Poser la partie à recouvrir sur l'envers de la pièce ronde.

‣ Tirer doucement le fil de fronce, le tissu va recouvrir le bouton. Nouer le fil.

‣ Clipser la pièce du fond sur le bouton recouvert. La couture se trouve cachée.

‣ Coudre le bouton sous l'encolure à 4 cm environ du pli. Couper deux bandes de 4 x 8 cm dans le tissu. Plier en deux dans le sens de la longueur. Piquer pour faire une patte de boutonnage. Plier et coudre les pattes sur le devant. Boutonner le bouton. **(5)**

5

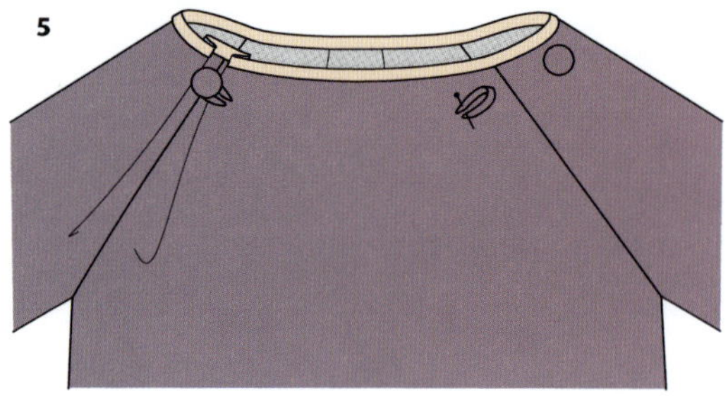

FINITIONS

Coudre les strass, perles et sequins sur le bas de la manche gauche. Vous pouvez aussi coudre des petits boutons recouverts de tissu assorti. Chercher une disposition harmonieuse, plus tassée vers le bas, plus espacée un peu plus haut...

Leçon n°13

Coudre des manches raglan

Le haut des manches raglan est une partie de l'encolure. Leur montage est très facile. De plus, l'encolure sera ronde et très jolie.

1▸ Marquer le devant et le dos des manches, les repères sont donnés sur le patron. Il est d'usage de marquer de deux traits et deux épingles le dos, et d'un trait ou une épingle le devant.

1

2▸ Poser le vêtement à plat, endroit vers vous.
Poser dessus la manche, envers vers vous. Ainsi, manche et emmanchure sont endroit contre endroit. Faire correspondre la partie devant de la manche avec la partie devant de l'emmanchure. Piquer.

2

3▸ Poser la partie dos de la manche sur l'emmanchure dos, endroit contre endroit. Piquer. Le haut de la manche est une partie du col.

3

4▸ Pour fermer la tunique, piquer le côté en une seule couture du poignet au bas de la tunique.

4

Modèle n°14

PATRON 4 PIÈCES
PLANCHE B
COUTURES COMPRISES 0,5 CM

Tee-shirt à col

FOURNITURES

- 160 x 140 cm de jersey framboise
- Chute de Liberty (réf Betsy porcelaine)
- 1 aiguille de machine à coudre très fine (spécial jersey)
- Boîte à couture
- Machine à coudre
- Fer à repasser

Ce tee-shirt demande beaucoup de tissu car la pièce de devant est coupée dans le biais du tissu (voir explications en introduction).

JE RÉALISE

Recopier le patron à taille voulue. Marquer sur le patron toutes les indications données.

Couper en respectant les indications de droit fil : (1)
- dans le tissu :
1 dos
- dans le biais du tissu :
1 devant
1 biais d'encolure
2 biais d'emmanchure

- Surfiler les pièces.

1

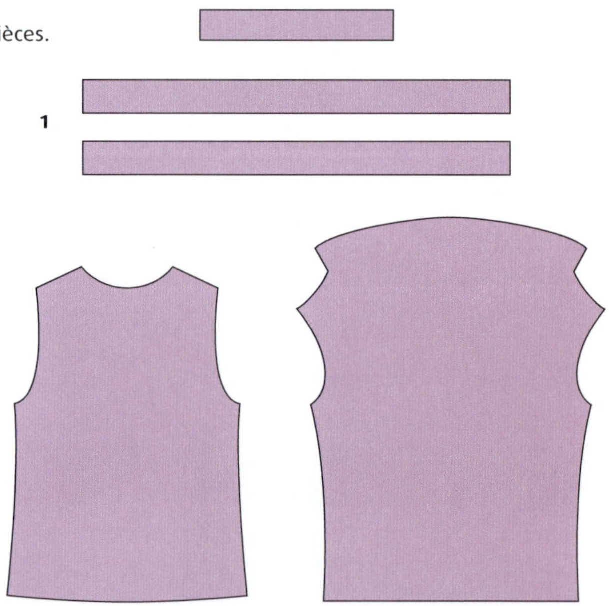

• La première chose à faire est de changer l'aiguille de votre machine à coudre : opter pour une aiguille fine spécial jersey. Les grosses aiguilles font des petits trous très disgracieux. Si votre machine a une option « jersey », utilisez-la, c'est l'occasion. Sinon, piquer à tout petits points, ou en tout petits points de zigzag. Le jersey étant extensible, la couture risque de casser.

• Recopier le patron à taille voulue. Marquer sur le patron toutes les indications données.

PRÉPARER LE DOS

Leçon p.89

• Préparer les pinces de dos : dessiner les pinces sur la pièce de dos au feutre à textile. Plier les pinces de dos pour superposer les grands côtés. Elles se piquent en deux fois. Partir de la base vers la pointe. Piquer les pinces de dos.

• Repasser en les rabattant vers le milieu. **(2)**

2

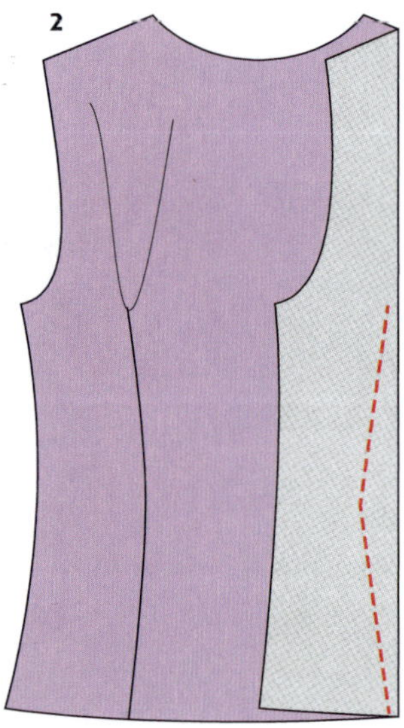

PRÉPARER LE DEVANT

• Dessiner les pinces sur le devant. Plier le tissu pour faire correspondre les grands côtés du triangle de pince. Piquer la pince en commençant par la partie large. Faire en sorte que la partie la plus fine soit presque parallèle au tissu. La pince sera plus fine.

• Ne pas couper la pince, la rabattre vers le bas du tee-shirt. Piquer les deux pinces.

ASSEMBLAGE DU TEE-SHIRT

• Poser le biais de dos sur l'encolure, endroit contre endroit. Piquer à 0,5 cm. Rabattre le biais sur l'envers du tee-shirt. Repasser.

• Rabattre le haut du col de devant sur le devant, envers contre envers. Piquer les côtés pour maintenir le col en place. **(3)**

3

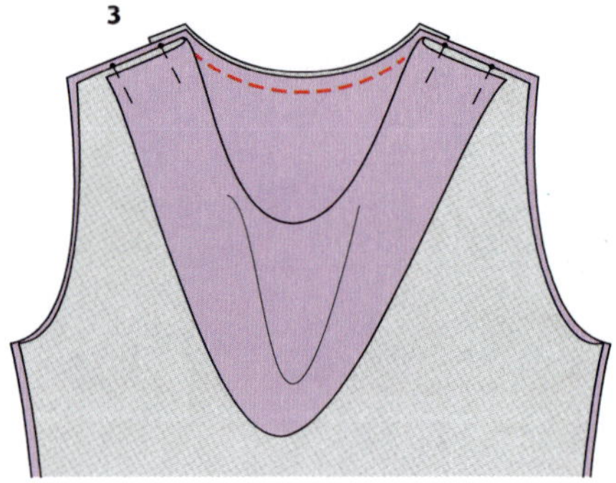

‣ Poser le dos sur le devant, endroit contre endroit. Piquer les côtés à 0,5 cm des bords.
Piquer les épaules en prenant toutes les épaisseurs ensemble (devant et rabat de col, dos et biais de dos).
‣ Poser les biais de manches, endroit contre endroit. Piquer les petits côtés pour les fermer en tube. Poser les biais de manche sur les emmanchures, endroit contre endroit. Piquer toute l'emmanchure. Repasser. **(4)**

4

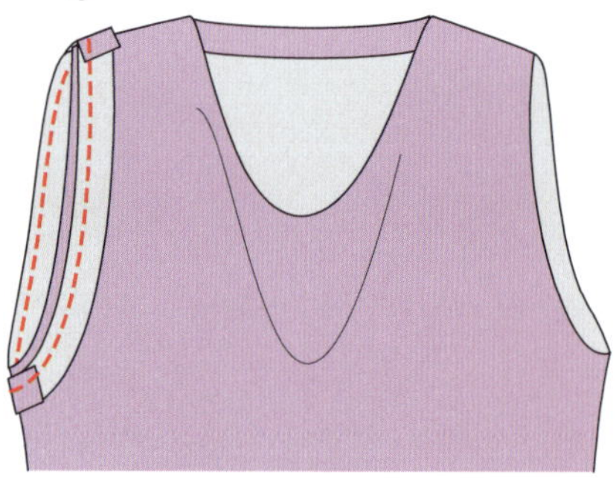

‣ Rabattre les biais vers l'intérieur. Faire un petit point en haut et en bas sur les coutures pour maintenir le biais à l'intérieur du tee-shirt.

FINITIONS

Nouer joliment la chute de Liberty sur le côté.

Coudre des pinces de dos

Les pinces de dos permettent d'ajuster un vêtement.
Elles sont très hautes et doivent être piquées finement en deux fois.

1▸ Reporter les repères de pinces du patron sur l'endroit et l'envers du tissu. Poser des épingles ou dessiner la pince au feutre à textile.

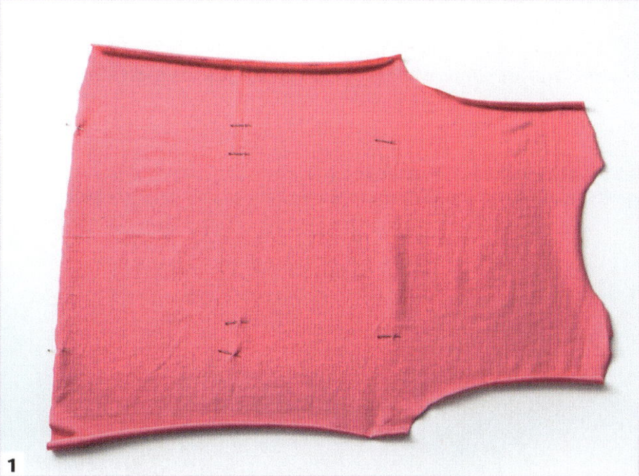

1

2▸ Plier le tissu sur les deux repères aux extrémités. Plier le tissu endroit contre endroit.

2

3▸ Commencer à piquer la pince en partant du milieu de la pince, la partie la plus large. Piquer finement la fin de la pince.

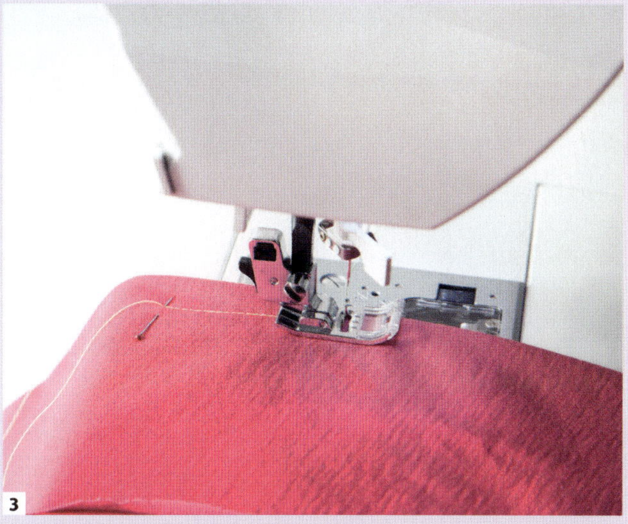

3

4▸ Piquer la deuxième partie du losange de pince. Partir du milieu. Le fait de partir du milieu permet de piquer des pinces plus fines. Repasser les pinces en les rabattant vers le milieu du vêtement.

4

Modèle n°15

PATRON 3 PIÈCES
PLANCHE A
COUTURES COMPRISES 0,5 CM

Tunique rouge

FOURNITURES

- 130 x 140 cm de Liberty rouge réf Mitsi Valeria rouge
- 20 x 140 cm de tissu de coton rouge à pois blancs (le tissu doit être fin et souple)
- Boîte à couture
- Machine à coudre
- Fer à repasser

JE RÉALISE

- Recopier le patron à taille voulue. Marquer sur le patron toutes les indications données.

Couper en respectant les indications de droit fil : (1)
- dans le tissu :
1 dos
1 devant
2 manches
- dans le tissu rouge à pois :
2 bandes de 10 x 26 cm pour les poignets
1 bande de 4 x 100 cm pour le galon d'encolure (vous pouvez utiliser un biais acheté)

- Surfiler les pièces.

1

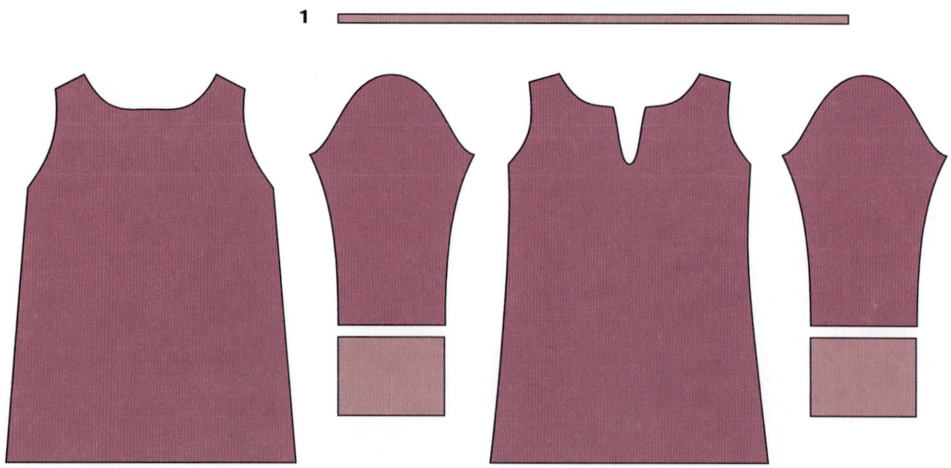

MONTAGE DE LA CHEMISE

Poser le devant sur le dos, endroit contre endroit. Piquer les épaules à 0,5 cm des bords. Repasser. **(2)**

2

PRÉPARER LES MANCHES

Préparer les poignets : poser un rectangle de tissu sur tout le bas de la manche, endroit contre endroit. Piquer.

PRÉPARATION ET MONTAGE DES MANCHES

Leçon p.95

- Passer un fil de fronces sur le haut des manches entre les repères. **(3)**

3

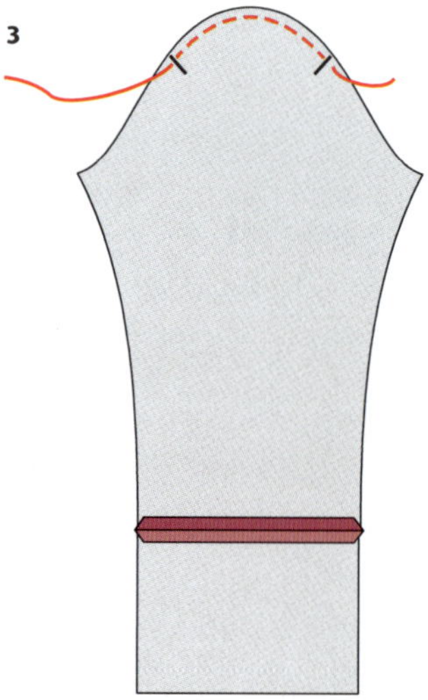

- Poser chaque manche sur une emmanchure, endroit contre endroit. Épingler la partie non froncée sur l'emmanchure. Tirer doucement sur le fil de fronces pour froncer la manche et ramener la longueur de la manche à la longueur de l'emmanchure. Piquer à 0,5 cm du bord.
- Piquer la manche et le côté en une seule couture, du poignet jusqu'au bas de la chemise.
- Rabattre l'extrémité de la manche sur l'intérieur. Coudre à petits points.

PRÉPARER L'ENCOLURE

‣ Couper dans le biais de 100 cm une longueur de 25 cm. Poser le biais sur le devant, sur l'échancrure de la tunique. Recouper les extrémités du biais pour qu'il soit de la même longueur que l'encolure. **(4)**

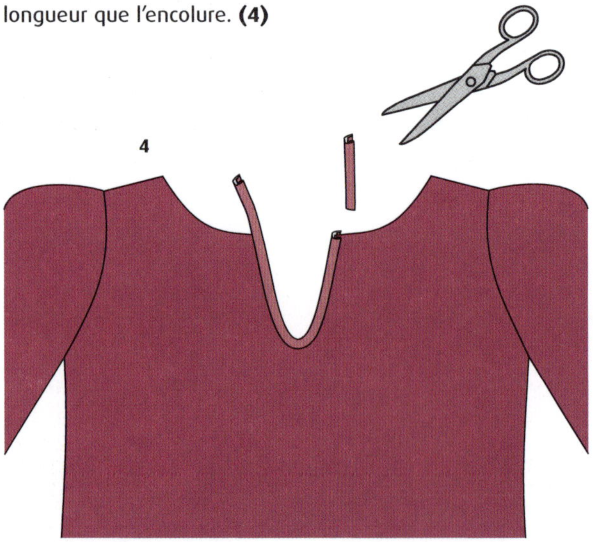

‣ Poser sur toute l'encolure le reste du biais, sur le devant, endroit contre endroit. Piquer. Rabattre le biais sur l'envers. Coudre le biais à la main. Couper l'excédent de biais. Replier l'extrémité du biais. Faire un point de couture.

OURLER LE BAS DE LA CHEMISE

Rabattre 1 cm vers l'intérieur. Marquer le pli au fer. Rabattre de nouveau 2 cm vers l'intérieur. Piquer à la machine.

Monter une manche à plat

Il y a différentes façons de monter une manche.
Celle-ci est assez rapide, surtout pour les tuniques en coton léger.

1▸ Passer un fil de fronces dans le haut de la manche. Les repères de fronces sont souvent donnés sur les patrons. Ils sont à reporter sur le tissu. La manche est toujours plus large que l'emmanchure pour permettre ensuite de bouger le bras. Il faut donc réduire sa largeur pour l'ajuster à l'emmanchure.

1

2▸ Épingler la partie non froncée de la manche, endroit contre endroit, sur l'emmanchure.
Tirer ensuite les fils de fronces pour répartir les fronces du haut de la manche et ramener la longueur à celle de l'emmanchure. Bâtir pour maintenir en place. Piquer. Retirer les fils de fronces.

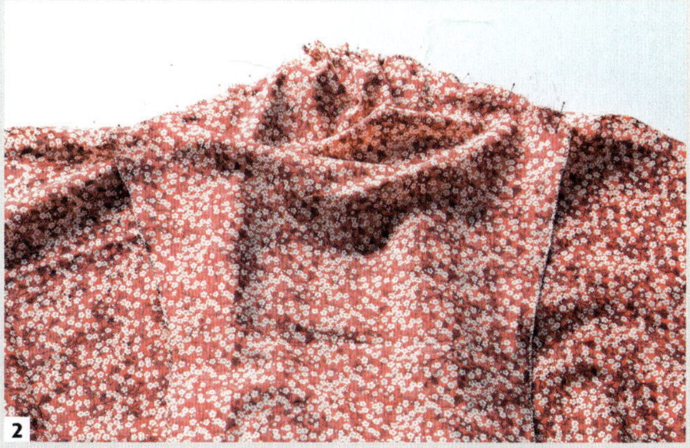
2

3▸ Piquer la manche et le côté en une seule couture, du poignet jusqu'au bas de la tunique.

3

4▸ Finir proprement le bas de la manche en posant un biais, en faisant un ourlet ou un joli poignet rabattu.

4

Toutes les créations présentées dans ce livre ont été réalisées avec les tissus

France Duval-Stalla

Boutique en ligne: www.franceduvalstalla.com

lundi 10h30-16h
mardi-jeudi-vendredi-samedi 10h30-19h
fermée le mercredi et le dimanche

Métro Duroc ou Falguière

09 50 43 50 10

Remerciements

L'éditeur remercie pour la décoration: Les Fleurs – Fleux – Ikéa

L'auteur tient à remercier chaleureusement France Duval-Stalla pour son accueil et sa gentillesse.

L'auteur tient aussi à remercier Gwenaëlle, Géraldine et Catherine pour leur soutien. C'est en pensant à elles, et à leurs multiples questions que j'ai écrit ce livre. À ma sœur Frédérique qui lit chaque livre consciencieusement sans jamais coudre!

Un grand merci aussi à Isabelle Leloup et Clémentine Collinet qui m'ont appris beaucoup de choses en couture, si, si... elles m'ont surtout appris qu'il fallait se faire plaisir à faire des choses que l'on aime.

Merci à Adeline qui suit les projets sans jamais vous stresser.

Merci à Isabelle qui arrive à relire les textes et trouver des fautes comme si elle faisait de la couture tous les week-ends!

Direction d'édition: Thierry Lamarre
Édition: Adeline Lobut
Création et réalisation: Clémentine Lubin
Photographies: Fabrice Besse
Illustrations: fotolia © pinkpig10
Stylisme: Sonia Roy
Correction-révision: Isabelle Misery
Conception graphique et mise en pages: Either studio
Couverture: Either studio

Éditions Marie Claire
Publiées par Société d'Information et de Créations - SIC
Une société de Marie Claire Album
10, bd des Frères-Voisin 92792 Issy-les-Moulineaux CEDEX 9 - France
Tél. 01 41 46 88 88
RCS Nanterre 302 114 509
SARL au capital de 3.822.000 euros

ISBN: 978-2-84831-818-9
N° Éditeur: 38369
Imprimé par G. Canale & C., Borgaro, Italie
Dépôt légal: février 2015
Réimpression: septembre 2017

www.editionsmarieclaire.com